Schöningh

W0386454

Playful Shakespeare

Ausgewählte Stücke in acht Stationen

Erarbeitet von
Imme Hubig

Bildquellen

Matthias Berghahn, Bielefeld/Verlagsarchiv Schöningh: S. 6, S. 65/66; © Thomas Hubig: S. 11 (4 Abb.), S. 12/13, S. 20–25; © Classical Comics Ltd.: S. 37–39; © picture-alliance/Mary Evans Picture Library: S. 44; © picture-alliance/dpa: S. 49; © 2004 Shylock Trading Ltd.: S. 71–73; weitere: Verlagsarchiv Schöningh

Sollte trotz aller Bemühungen um korrekte Urheberrechtsangaben ein Irrtum unterlaufen sein, bitten wir darum, sich mit dem Verlag in Verbindung zu setzen, damit wir eventuell notwendige Korrekturen vornehmen können.

© 2014 Bildungshaus Schulbuchverlage
Westermann Schroedel Diesterweg Schöningh Winklers GmbH
Braunschweig, Paderborn, Darmstadt

www.schoeningh-schulbuch.de
Schöningh Verlag, Jühenplatz 1–3, 33098 Paderborn

Das Werk und seine Teile sind urheberrechtlich geschützt.
Jede Nutzung in anderen als den gesetzlich zugelassenen Fällen bedarf der vorherigen schriftlichen Einwilligung des Verlages.
Hinweis zu § 52a UrhG: Weder das Werk noch seine Teile dürfen ohne eine solche Einwilligung gescannt und in ein Netzwerk gestellt werden.
Das gilt auch für Intranets von Schulen und sonstigen Bildungseinrichtungen.

Auf verschiedenen Seiten dieses Buches befinden sich Verweise (Links) auf Internetadressen. Haftungshinweis: Trotz sorgfältiger inhaltlicher Kontrolle wird die Haftung für die Inhalte der externen Seiten ausgeschlossen. Für den Inhalt dieser externen Seiten sind ausschließlich deren Betreiber verantwortlich. Sollten Sie dabei auf kostenpflichtige, illegale oder anstößige Inhalte treffen, so bedauern wir dies ausdrücklich und bitten Sie, uns umgehend per E-Mail davon in Kenntnis zu setzen, damit beim Nachdruck der Verweis gelöscht wird.

Druck 5 4 3 2 1 / Jahr 2018 17 16 15 14
Die letzte Zahl bezeichnet das Jahr dieses Druckes.

Umschlaggestaltung: Nora Krull, Bielefeld
Druck und Bindung: westermann druck GmbH, Braunschweig

ISBN 978-3-14-041065-6

Die Stationen im Überblick

Station	Sozialform	Bearbeitungs-dauer	Material	Methode	Kompetenzen
„A Midsummer Night's Dream"	Gruppenarbeit	30 Min.	Brettspiel	(Lern-) Spiel	Speaking (Reading + Writing)
„Hamlet"	Gruppenarbeit	30–45 Min.	Arbeitsblatt mit Vorgaben	Konzeption eines „Theaterstücks"	Creative Writing
„Macbeth"	Einzelarbeit	30 Min.	Auszüge einer Graphic Novel	Schreiben einer Geschichte auf der Basis von Bildern	Creative Writing
„Much Ado about Nothing"	Gruppenarbeit/ Partnerarbeit oder Einzelarbeit	30–45 Min.	Arbeitsblatt mit Synopsis des Stückes	Erstellen eines Filmplakats	Reading Comprehension + Umsetzung von Informationen in kreativer Form
„Richard III"	Einzelarbeit	30 Min.	„zeitgenössischer" Zeitungsartikel	Charakterisierung	Reading + Writing
„Romeo and Juliet"	Gruppenarbeit	30 Min.	Ausschnitt aus einem Audiobook	Hörverständnisübung	Listening
„The Taming of the Shrew"	Einzelarbeit	30 Min.	„zeitgenössischer" Zeitungsartikel	Textarbeit und Schreiben eines Kommentars	Reading + Writing
„The Merchant of Venice"	Gruppenarbeit/ Einzelarbeit	30–45 Min.	Ausschnitt aus dem Film „The Merchant of Venice" (2004)	Filmarbeit	Listening + Writing

Einleitung

Einsatzmöglichkeiten

Der Lernzirkel richtet sich in erster Linie an Oberstufenschüler, wobei ein Einsatz einzelner Stationen auch schon in der Sek. I denkbar wäre. Die Aufgaben sind sowohl von Leistungs- als auch von Grundkursen zu bewältigen. Das unterschiedliche Niveau der Schüler wird sich eher in den Resultaten widerspiegeln, steht einer grundsätzlichen Bearbeitung aber nicht im Wege. Thematisch wäre ein Einsatz zu Beginn oder auch am Ende einer Einheit zum Thema Shakespeare sinnvoll, die Stationen lassen sich jedoch auch im Rahmen von British Studies allgemein verarbeiten. Der Lernzirkel kann als Ganzes eingesetzt werden und somit bei Bedarf/Wunsch auch eine Klausurersatzleistung oder eine zusätzliche Projektnote bedeuten, es lassen sich aber auch die einzelnen Stationen isoliert ins alltägliche Unterrichtsgeschehen integrieren.

Organisatorisches

Bei einer geplanten Erarbeitungsphase von **zwei bis drei Wochen**, sollten abhängig vom Leistungsstand der Schüler **sechs bis acht Stationen** ausgewählt werden. Sinnvoll ist es allerdings, eine Station mehr einzusetzen als es Schülergruppen gibt, da so eine Ausweichmöglichkeit besteht und Kollisionen vermieden werden. Sollte es dennoch zu Staus kommen, ist es bei einigen Stationen (Ausnahmen: „Merchant of Venice“, „Romeo and Juliet“, „Midsummer Night's Dream“) notfalls auch möglich, dass die Schüler die Kopien zu einem anderen Arbeitsplatz mitnehmen und so zwei Gruppen gleichzeitig die Aufgaben bearbeiten.

Im Idealfall bilden jeweils **vier Schüler eine Gruppe**, möglich wären jedoch auch Fünfergruppen. Das Konzept dieses Lernzirkels ist insbesondere für heterogene Lerngruppen geeignet, das heißt bei der Zusammensetzung der Gruppen können gut leistungsstärkere mit leistungsschwächeren Schülern gemischt werden.

Einige Stationen erfordern eine gewisse **Vorbereitung** seitens der Lehrkraft. Über die Art des Aufwandes geben die kurzen Übersichten vor der Beschreibung der Stationen Auskunft. Es empfiehlt sich, das benötigte Material und die Arbeitsanweisungen in einzelnen DIN A4-Umschlägen zu bündeln, in welche es nach Beendigung der Arbeit von den Schülern wieder einsortiert wird. Einige Materialien könnten im Vorfeld laminiert werden, da sie durch viele Schülerhände gehen werden und sich ihre Haltbarkeit so deutlich erhöht. Um die Anzahl der Kopien zu minimieren, ließen sich auch die Arbeitsanweisungen an den Stationen laminieren und müssten so nicht für jeden Schüler kopiert werden.

Die erste halbe Stunde der Unterrichtseinheit sollte zur Organisation der Gruppen und der Besprechung des Unterrichtsvorhabens genutzt werden. Hierfür kann der **Laufzettel** (S. 6) gemeinsam gelesen und auf eventuelle Fragen seitens der Schüler eingegangen werden. Die einzelnen Arbeitsstationen können dann von den Gruppen aus je vier Einzeltischen oder zwei Doppeltischen, auf denen die Umschläge mit den Materialien und den Arbeitsanweisungen platziert werden, im ausreichenden Abstand zueinander aufgebaut werden. In den folgenden Stunden arbeiten die Schülergruppen selbstständig an den Stationen, wobei sie den Laufzettel zur Orientierung nutzen sollten und die Sprache der Kommunikation Englisch ist. Wenn die Gruppen die Arbeit an einer Station beendet haben, verlassen sie diese und begeben sich zur nächsten, d.h. nicht die Materialien, sondern die Schüler wandern. Die Ergebnisse sammelt jedes Gruppenmitglied in einem Hefter mit dem Laufzettel als Deckblatt. Dieser kann am Ende der Einheit als Projektarbeit eingesammelt werden. Der Lehrer übernimmt während der Erarbeitungsphase eine eher begleitende Rolle, das heißt bei Bedarf kann er unterstützen, hält sich sonst aber im Hintergrund.

Didaktische und methodische Überlegungen

Im Mittelpunkt dieser Unterrichtseinheit stehen ausgewählte Werke William Shakespeares, wobei in diesem Fall das Hauptaugenmerk auf dem Inhalt und nicht dem Elizabethan English liegt. Den Schülern soll damit ein Einblick in die Themenvielfalt von Shakespeares Stücken gegeben werden, weswegen die zur Auswahl stehenden Stationen sowohl Komödien, Tragödien als auch ein historisches Stück umfassen.

Der besonderen Form der Bearbeitung in einem Lernzirkel liegen mehrere Überlegungen zugrunde. Zum einen geht es darum, die Lerngruppe mit vielfältigen Methoden zu konfrontieren, um so die Aufmerksamkeit auch in einem relativ langen Bearbeitungszeitraum durch abwechslungsreiche Materialien und Aufgabenstellungen so hoch wie möglich zu halten. Deswegen müssen sich die Gruppen an jeder Station nicht nur mit einem anderen Werk beschäftigen, sondern den Inhalt desselben auch auf jeweils andere Art und Weise erschließen (vgl. Übersicht über die Stationen). Andererseits soll die Arbeit in Gruppen soziale Kompetenzen der Schüler fördern und die relative Eigenständigkeit bei der Bearbeitung sie im Prozess des selbstorganisierten Lernens bestärken. Deswegen sollte sich die Lehrkraft so weit wie möglich im Hintergrund halten und nur bei Bedarf unterstützend eingreifen. Dies ermöglicht es zudem, die Schüler in Ruhe bei ihrer Arbeit zu beobachten und mit einzelnen intensiver über ihre Fortschritte oder Probleme zu sprechen.

Neben den sozialen Aspekten werden jedoch auch das Sprechen, Hören und Schreiben gefördert, da der Schwerpunkt bei jeder Station auf mindestens einer dieser Kernkompetenzen des Fremdsprachenunterrichts liegt. Damit die Leistungen der Schüler in diesen Bereichen bei Bedarf auch als zusätzliche Note oder Klausurersatzleistung gewertet werden können, gibt es neben den Gruppenarbeitsstationen auch Arbeitsaufträge, die in Einzelarbeit bearbeitet werden müssen. Um eine deutlichere Differenzierung vorzunehmen, kann die Wahlmöglichkeit an den Stationen, an denen es den Gruppen frei steht, gemeinsam oder allein zu arbeiten, eingeschränkt werden.

Am Ende der Bearbeitungsphase sollten die Schüler einen mit vielen Ergebnissen gefüllten Hefter vor sich liegen haben. Um dieser Masse an Resultaten Herr zu werden, sind in diesem Heft auch Vorschläge zur Ergebnissicherung enthalten. Diese beanspruchen zum Teil noch einmal relativ viel Unterrichtszeit, ermöglichen jedoch, dass die mitunter kreativ sehr anspruchsvollen Arbeiten der Schüler in der ganzen Gruppe ausgetauscht und gewürdigt und nicht nur von der Lehrkraft bewertet werden.

In the course of this learning circuit you will work at different stations which all deal with an individual play by William Shakespeare. The order of the stations you work on is up to you and your group. However, at the end of this project you are expected to have worked on all of them. Some of the tasks will take up more time than others, so make sure you plan your work process well and keep an eye on the time remaining. Be prepared to finish some of the exercises as homework (HW). The table below tells you at which stations you will have to work together as a group, on your own or where you can decide if you want to work alone or in your group. To keep track of your work process summarize the plays in one sentence each when you have finished working on a task. The icons give you a clue of what you are expected to do.

Station	Time	Work form	The plot in one sentence	Tasks
"A Midsummer Night's Dream"	30 minutes	group work		
"Hamlet"	30–45 minutes (HW possible)	group work		
"Macbeth"	30 minutes (HW possible)	individual work		
"Much Ado about Nothing"	30–45 minutes (HW possible)	group work or individual work		
"Richard III"	30 minutes (HW possible)	individual work		
"Romeo and Juliet"	30 minutes	group work or individual work		
"The Taming of the Shrew"	30 minutes (HW possible)	individual work		
"The Merchant of Venice"	30–45 minutes	group work or individual work		

© Schöningh Verlag, Best.-Nr. 041065

Station *A Midsummer Night's Dream*

Methode	Brettspiel
Arbeitsform	Gruppenarbeit
Kompetenzen	Speaking (Writing, Listening)
Dauer der Arbeitsphase	ca. 30 Minuten
Materialien	Spielanleitung (laminierter) Spielplan (laminierte) Ereigniskarten (Fragekarten, Vokabelkarten, Elfenkarten) + Zusammenfassungen der Akte 1 Würfel und 4 (5) Spielsteine, Eselsohren Kopierte Rollenkarten für alle Schüler
Form der Ergebnissicherung	Thematische Diskussion in neuen Gruppen
Dauer der Ergebnissicherung	30–45 Minuten
Organisatorische Hinweise	Diese Station erfordert im Vorfeld eine gewisse Vorbereitung (s. Material). Der Spielplan (DIN A3), die Rollenkarten, die Ereigniskarten und Zusammenfassungen der Akte müssen kopiert und die letzten beiden zurechtgeschnitten werden. Die Quiz-, Fairy und Vocabulary Cards können jeweils auf einem andersfarbigen Papier kopiert werden damit man sie besser auseinanderhalten kann. Es empfiehlt sich, den Spielplan, die Ereigniskarten und die Zusammenfassungen wenn möglich zu laminieren und in separaten Umschlägen zu sortieren. Die Eselsohren lassen sich leicht aus zwei hochkant gefalteten DIN A4-Blättern (ca. 5 cm), welche sich die Schüler später über die Ohren stülpen, herstellen. Die Spielsteine können zur Not auch durch kleine Gegenstände (z. B. Radiergummi, Flaschendeckel, ...) ersetzt werden.

1. Arbeitsphase und Ergebnissicherung

1.1 Aufgabenstellung in der Arbeitsphase (vgl. Kopiervorlage Spielanleitung, S. 11)

Die Schüler spielen an dieser Station ein Brettspiel mit dem Titel „A Midsummer Night's Dream" und schlüpfen hierbei in die Rollen der Hauptcharaktere der Komödie. Durch abwechselndes Würfeln bewegen sie ihre Spielsteine über ein Spielfeld, welches an die Szenerie des Stückes angelehnt ist. Auf ihrem Weg können die Spieler Punkte sammeln, indem sie Fragen zum Stück beantworten oder Vokabeln erklären und raten. Durch Schnelligkeit lassen sich ebenfalls Punkte gewinnen, weswegen sich die Schüler beeilen müssen, möglichst als erste/r auf einem der Act-Felder anzukommen. Auf diesem erfahren sie, was „ihnen" in diesem Akt im Stück zugestoßen ist, und machen sich hierzu auf ihrer Scorecard, auf der auch die erzielten Punkte festgehalten werden, Notizen. Beflügelt oder auch behindert werden die Spieler auf ihrer Reise durch das Eingreifen der Elfen, die ihnen je nach Elfenkarte entweder helfen oder sie aufhalten.

1.2 Ergebnissicherung

Erfahrungsaustausch in „Charaktergruppen"

Die Schüler bilden neue Gruppen, je nachdem welche Rolle sie im Spiel gespielt haben, d.h. alle Lysander kommen zusammen und bilden eine neue Gruppe, ebenso wie alle Hermias, Helenas und Demetrius. Sollte „Bottom" nur von einem Schüler oder einer Schülerin gespielt worden sein, wäre es besser, diese(n) einer anderen Gruppe zuzuordnen.
Die Aufgaben lauten:

1. Exchange your experiences during the game (How many points did you get, what did the fairies do to you, which position did you end up in, what do you think about the game ...?).
2. Discuss to what extent your character's experiences are based on his/her decisions or the fairies' intervention in Shakespeare's play.

Besprechung der Ergebnisse im Plenum

Zunächst erhalten die Schüler die Möglichkeit, ihre einschneidenden Erfahrungen im Plenum mitzuteilen. Danach stellen die Gruppen die Ergebnisse ihrer Diskussionen vor, die in Stichpunkten nach Charakteren sortiert an der Tafel gesammelt werden sollten.

Abschlussdiskussion

Darauf folgt eine abschließende Diskussion, in der erörtert wird, welchen Einfluss die Elfen insgesamt nehmen. Es kann darüber spekuliert werden, wie die Geschichte ohne dieses übersinnliche Element verlaufen wäre und warum Shakespeare es in sein Werk integriert hat.

Lösungsvorschlag zur Ergebnissicherung

Demetrius: Oberon puts the love potion into Demetrius' eyes which makes him fall for Helena. Without the fairies' intervention he would have probably still loved Hermia as he explicitly tells Helena in Act II. Therefore the way the story ends is not really based on his decisions but rather on the effect of the potion he is given by the fairies.
Lysander: Puck mistakenly puts the love potion into Lysander's eyes which makes him fall for Helena though he is actually in love with Hermia. Through the fairies' intervention his love life is turned upside down but finally set right again. At the end Lysander is free to choose the partner he wants but the fairies' intervention helps him a lot as a bewitched Demetrius sets Hermia free and with this helps Lysander to escape punishment for eloping with his love.
Hermia: Hermia is not bewitched by the fairies but still suffers from their involvement in her private life. She wants to be together with Lysander througout the whole play but due to Puck's mistake her love is taken away from her for some time. That means she makes her own decisions but is still completely at the fairies' mercy.
Helena: Helena is not bewitched either but her laments (partly) cause Oberon to get involved. However, at the beginning the fairies' intervention does not help but rather confuses her when Lysander and Demetrius suddenly both claim to be in love with her. At the end Demetrius is in love with her but only because the fairies put the love potion into his eyes, so Helena actually benefits from the intervention as she has not been able to win back Demetrius' love on her own.
Bottom: Bottom is a victim of Puck's sense of humour which leaves him with a donkey's head and a love-crazy fairy queen running after him. He cannot do anything to alter his situation but is completely at the fairies' mercy.

- All of the characters are more or less directly influenced by the fairies' actions. Even if they are not personally bewitched as Helena or Hermia they are still dependent on the fairies to either renew or stop the effect of the love potion.

- Without the supernatural aspect the play might have turned out like a tragedy. The mistakes that are made and the confusion they cause deliver the comic element in the story. It is also very handy for the author to be able to use magic as he can do and undo whatever he wants to in his play.

2. Didaktische und methodische Überlegungen

2.1 Zur Station

„A Midsummer Night's Dream" ist nicht nur eine von William Shakespeares bekanntesten Komödien, sie eignet sich ferner durch die Anzahl der Hauptcharaktere, den Schauplatz des Geschehens und die Handlung der sich ständig verfolgenden Liebenden hervorragend für ein Brettspiel. Um eine inhaltliche Nähe zu suggerieren, findet das Spiel ähnlich wie das Stück hauptsächlich im Wald statt, und die Spieler übernehmen die Rollen der durch den Wald wandernden Hauptakteure, was ihnen unter Umständen einen persönlicheren Bezug zur Geschichte ermöglicht. Diese Station soll jedoch auch Spaß machen, was durch die eher ungewohnte Methode eines Brettspiels wohl eher zu erreichen ist als durch alltägliche Methoden. Ferner soll der Wettkampfcharakter des Spiels die Schüler dazu motivieren (sprachlich) ihr Bestes zu geben und sich freiwillig mit dem Inhalt des Shakespearestückes zu beschäftigen.

Die Grundzüge der Handlung erfahren die Schüler jeweils auf einem der Act-Felder, welche gleichzeitig das Erreichen eines neuen Levels bedeuten. Dadurch, dass die Spieler einen der Hauptcharaktere darstellen, sind sie vermutlich daran interessiert, was mit diesem/„ihnen" passiert und machen sich dazu Notizen. Hierfür ist es selbstverständlich nötig, dem vorlesenden Schüler genau zuzuhören und bei Bedarf Nachfragen zu stellen. Je nach Spielverlauf ist es möglich, dass jeder Spieler einmal die Rolle des Vorlesers übernimmt, dies ist jedoch abhängig von dem Tempo, mit dem er/sie das Spielfeld überquert. Das Arbeitsblatt „Scorecard" soll den Spielern helfen, den Überblick zu behalten und sie gleichzeitig dazu verpflichten, sich Notizen zu machen, da diese eine Grundvoraussetzung für einen eventuellen Sieg sind.

Neben den Act-Feldern gibt es insgesamt drei weitere Ereignisfelder, die jeweils unterschiedliche Zwecke erfüllen. Die Antworten auf die Fragen, welche die Spieler auf den Quizfeldern ziehen, sind in den meisten Fällen von den Spielern eher zu erraten als zu wissen, da sie sich vielfach auf Details der Geschichte oder des Themas des Stückes beziehen, welche die Schüler nicht wissen können, wenn ihnen das Werk unbekannt ist. Durch diese Fragen erfahren sie jedoch weitere Details und Hintergrundinformationen, die ihnen die knappen Zusammenfassungen auf den Act-Feldern nicht geben können.

Die Elfenkarten erfüllen gleich mehrere Aufgaben. Zum einen beleben sie den Spielverlauf und sorgen vermutlich zum Teil für Erheiterung. Zum anderen sollen sie unbewusst verdeutlichen, wie abhängig die Spieler bzw. Charaktere von der Willkür der Elfen sind, da diese Karten sie entweder ihrem Ziel näherbringen oder sie deutlich davon entfernen oder sie ganz einfach auch nur lächerlich machen. Die Karte mit den Eselsohren, welche der betreffende Spieler aufsetzen muss, ist zweimal vorhanden, um die Wahrscheinlichkeit zu erhöhen, dass sie auch gezogen wird, da der mit einem Eselskopf bedachte Bottom zu einer der am meisten in Erinnerung bleibenden Episoden des Originals gehört. Ähnliches gilt vermutlich auch für derartig bedachte Schüler.

Die Worte auf den Vokabelkarten sind bewusst einfach gewählt, da es hierbei nicht darum geht, neue Vokabeln zu erlernen, sondern um die Sprachfertigkeit der Schüler, die bekannte Worte so erklären müssen, dass ihre Mitspieler sie erraten können. Dies wäre nicht möglich, wenn es sich um zu schwierige oder gar unbekannte Vokabeln handelte. Einige Karten sind jedoch bewusst freigehalten worden, damit die Möglichkeit gegeben ist, eigene oder gerade eingeführte Vokabeln zu integrieren. Diese müssten dann von der Lehrkraft im Vorfeld auf den Karten eingetragen werden.

2.2 Zur Ergebnissicherung

Die Schüler in neuen rollenbasierten Gruppen zu formieren ist zum einen eine thematische Notwendigkeit, zum anderen bricht es die gegebenen Strukturen auf und bietet ihnen die Möglichkeit, mit anderen Partnern zusammenzuarbeiten. Die gemeinsame Rolle und damit zum Teil ähnliche Erfahrungen stellt hierbei ein verbindendes Element dar und vereinfacht auch einen Austausch der Ergebnisse. Durch die zweite Aufgabenstellung sind die Gruppenmitglieder gezwungen, den Inhalt noch einmal detailliert zu besprechen und zu wiederholen, um eine Einschätzung vorzunehmen.
Die Besprechung im Plenum sollte den Schülern zunächst die Möglichkeit einräumen, von ihren Erfahrungen zu berichten. Dies bedeutet nicht nur einen vermutlich humorvollen Einstieg, gerade wenn es um die Erfahrungen mit den Elfenkarten geht, sondern gibt den Schülern auch das Gefühl, dass ihre persönlichen Erfahrungen wichtig sind. Es bietet sich an, die danach vorgestellten Diskussionsergebnisse in einem Tafelbild zu sammeln, welches einen Vergleich und ein abschließendes Urteil erleichtert. Wenn die Schüler dieses in ihr Heft übertragen, hat jeder von ihnen zudem eine knappe Zusammenfassung des Inhalts, die über die Erfahrungen des eigenen schon bekannten Charakters hinausgeht. In der Abschlussdiskussion, welche sich auf die Gründe für die Verwendung übernatürlicher Charaktere bezieht, sind auch abwegig erscheinende Spekulationen erlaubt und gewünscht. Wichtig dabei ist jedoch eine schlüssige Begründung.

How to play

Before you start

Every pupil picks one of the main characters **Lysander, Demetrius, Hermia or Helena** and the respective **score card**. ***Nick Bottom*** is a supporting character who can only be picked if there are 5 of you. Put your piece on **Act I** (*The Temple*) and read out aloud the first line of each character's scorecard so that you all know who "you" are and how you feel about the other characters.

Playing the game

The youngest player begins. Take it in turns to throw the dice and move your piece accordingly. When one of you has reached the next **Act field** the game is shortly stopped and the **points** for this "level" are **counted** (see "How to score points") and noted down on your scorecards before everyone moves onto the round Act field together. A summary of the plot of this act is read out by the pupil who reached the field first. Everyone has to take **notes on their respective character's experiences**. When everyone has finished writing you all start into the next level from the round Act field. This time the person who was last starts.
Keep playing until the first player reaches the **final field**. Complete your scorecard and count your total points. The person with the most points **and** a complete scorecard has won the game.

Special fields

Vocabulary fields

The player who lands on one of these fields takes a vocabulary card from the stack and has one minute to explain the 3 words that are written down on it. The order in which the words are explained does not matter. For every word that is guessed correctly the player who has explained it is allowed to move one field forward. The player who has guessed correctly wins one point per word.

Quiz fields

When a player lands on one of these fields the person on his right picks a quiz card from the stack and reads out the question and the given answers. (The answer in fat print is the correct one.) If the player chooses the correct answer he/she gets 3 points, if he/she chooses the wrong one, nothing happens.

Fairy Cards

On these fields the fairies will either help you, hinder you or just have fun with you.
When a player lands on one of these fields the person to his left picks a card from the stack and reads it out aloud. The player has to do whatever the card says.

How to score points

Act fields

The player who reaches the field **first** wins **10 points**. The player in **second** position wins **5 points** and the one in **third** position wins **3 points**. You have to hit the field with the **exact number** though, i.e.: When you are three fields away you have to throw a 3. If you throw a 4 or more you have to stay where you are and wait for your turn again.

Quiz fields

For every correct answer you win **3 points**.

Vocabulary fields

For every word that you guess correctly you win **one point**.

© Schöningh Verlag, Best.-Nr. 041065

© Schöningh Verlag, Best.-Nr. 041065

© Schöningh Verlag, Best.-Nr. 041065

Scorecard for Demetrius

Act	In love with ...	Plot	Experiences with fairies	Points scored
I	Hermia	Demetrius was once in love with Helena but now he has fallen for her beautiful friend Hermia. Hermia's father likes him a lot and wants his daughter to marry him. However, before Demetrius can do so she runs away into the nearby forest with Lysander, the man she actually loves.	not yet	zero
II				
III				
IV				
V				
			Final score:	

© Schöningh Verlag, Best.-Nr. 041065

Scorecard for Lysander

Act	In love with ...	Plot	Experiences with fairies	Points scored
I	Hermia	Lysander has fallen in love with Hermia but her father prefers Demetrius and wants her to marry him instead. Lysander acknowledges "that the true course of love never did run smooth" and decides to run away into the nearby forest with Hermia.	not yet	zero
II				
III				
IV				
V				
			Final score:	

© Schöningh Verlag, Best.-Nr. 041065

Scorecard for Helena

Act	In love with ...	Plot	Experiences with fairies	Points scored
I	Demetrius	Helena and Demetrius were once lovers but now he has dumped her as he has fallen in love with her best friend Hermia. However, Hermia does not return his feelings and decides to run away with her true love Lysander. The couple tells Helena about their plan to give her hope of winning Demetrius back.	not yet	zero
II				
III				
IV				
V				
			Final score:	

© Schöningh Verlag, Best.-Nr. 041065

Scorecard for Hermia

Act	In love with ...	Plot	Experiences with fairies	Points scored
I	Lysander	Hermia has fallen in love with Lysander but her father likes Demetrius much better and wants her to marry him instead. Hermia would rather die than spend the rest of her life with Demetrius. Out of desperation Lysander and her decide to run away into the nearby forest together.	not yet	zero
II				
III				
IV				
V				
			Final score:	

© Schöningh Verlag, Best.-Nr. 041065

Act 2

The following day Lysander and Hermia escape into the forest. Helena hopes to win back Demetrius' love by telling him about the couple's plan. However, instead of being grateful Demetrius runs straight after the escaped lovers trying to catch up with Hermia while Helena follows, pleading with him.
In the forest there are actually more people having problems in love, such as Oberon the King of the Fairies and his wife Titania, who have had a massive row which affects everyone around them. To bring her back in line the King puts a love potion into the eyes of his sleeping wife. This potion will make her love the first creature she sees when she wakes up. When Oberon accidentally overhears Helena's laments about the heartless way Demetrius has rejected her and left her behind, he feels sorry for the girl and tells his servant Puck to put the love potion into Demetrius' eyes so that he will fall in love with Helena again.
Puck searches the forest for Demetrius but finds the sleeping Lysander and Hermia instead and mistakenly puts the potion into Lysander's eyes. At the same time Helena is still looking for Demetrius but suddenly stumbles over Lysander who wakes up and due to the love potion falls in love with Helena on the spot. Lysander declares his love for Helena who tries to remind him that he is actually in love with Hermia. As he will not listen, she runs away and he runs after her, leaving the still sleeping Hermia alone.

Act 3

Meanwhile Nick Bottom and some other craftsmen meet in the woods to rehearse a theatre play. Just for the fun of it and because he does not like his attitude, Puck transforms Bottom's head into that of a donkey. Scared to death the other actors run away leaving Bottom alone who does not understand what is going on. Confused he stumbles through the forest and encounters Queen Titania who wakes up and due to the love potion falls straight in love with the "donkey man".
Demetrius finally finds his love Hermia who is looking for Lysander. She does not know that her boyfriend is chasing Helena and accuses Demetrius of foul play. Oberon realizes that Puck must have made a mistake. He puts the love potion into Demetrius' eyes himself and orders Puck to find Helena and bring her to the sleeping Demetrius.
At the same time the love-crazed Lysander is chasing Helena through the forest. When Demetrius wakes up he sees Helena and the potion causes him to fall in love with her. Now both men are in love with Helena but she thinks it is just some cruel joke they are playing on her. Oberon realizes what a mess he and Puck have caused and wants to set it right again. So Puck leads all four lovers astray from each other until they fall asleep on their own. Then he puts the antidote into Lysander's eyes to restore his love for Hermia.

© Schöningh Verlag, Best.-Nr. 041065

Act 4

Titania still thinks she is in love with the "donkey man" Bottom but Oberon finally feels sorry for her, restores her eyes to normal and the two of them are reconciled.
Meanwhile the Duke Theseus and his fiancé stumble across the sleeping forms of Lysander, Demetrius, Hermia and Helena. When they wake up everything seems like a dream to them. Lysander confesses to eloping with Hermia but as Demetrius now only loves Helena he does not want to marry Hermia anymore. They all return home to sort out their relationships.
The actors wonder what has happened to their friend Bottom who then appears looking normal again. He will not tell them what happened in the forest though.

Act 5

The lovers have sorted out their affairs and everyone is happy. Demetrius and Helena are in love and so are Lysander and Hermia. They are all invited to Theseus' wedding where they get married too and watch the play performed by Bottom and his group in which an unfortunate couple cannot be together and finally commits suicide. The group's performance is so bad that the audience actually starts laughing. Finally the fairies come on stage to bless the newly-weds and Puck suggests that in case anybody did not like the story they should just regard it as a dream.

© Schöningh Verlag, Best.-Nr. 041065

Fairy Cards

Puck thinks you are a little bit full of yourself and decides to teach you a lesson by transforming your head into that of a donkey. So **wear the donkey ears** until you throw a **4, 5 or 6**.
(If anybody else is currently wearing the ears he/she is free now and has to hand the ears over to you.)

Puck thinks you are a little bit full of yourself and decides to teach you a lesson by transforming your head into that of a donkey. So **wear the donkey ears** until you throw a **4, 5 or 6**.
(If anybody else is currently wearing the ears he/she is free now and has to hand the ears over to you.)

Puck wants to slow you down a little bit so he has conjured your left leg away – don't worry, Oberon has already told him to restore it, so you will get it back as soon as you throw a **1, 2 or 3**. Until then **stand up** and put your weight on your **right foot only**.
(If you put your left leg down before you are allowed to you have to go back 5 fields!)

Oberon is tired of people spotting the wrong lovers. To be on the safe side with you he has temporarily blinded you. So **close your eyes** and only open them again when you have thrown a **1, 3 or 5**.
(You will have to trust your friends to tell you the right numbers ...)

To keep you separate from the others Puck has put a stinking charm on you. I'm sorry but you smell so bad that you have to **move two metres away from the table**. You are allowed to return when you smell nice again which will happen when you have thrown a **2, 4 or 6**.

Oberon saw you picking your nose! The King will not accept such bad behaviour in his forest so he has put a charm on you that makes it **impossible for you to move your arms**. He will accept a **4, 5 or 6** as an apology and lift the curse. Until then you have to find a way to roll the dice without moving your arms.

Puck thinks you talk too much so he has temporarily **conjured your mouth away**. It will not be returned until you throw a **1, 2 or 3**. Until then you have to find a different way to answer the questions or explain vocabulary. Pantomime might be an idea ...

Oberon heard you complaining about the birds tweeting. How dare you criticize the creatures in his forest?! He is so angry that he has jinxed you to **put your fingers into your ears** until you have learned to be a bit more humble which will be when you have thrown a **1, 3 or 5**. Until then: block your ears!

Oberon does not want anybody to accidentally fall in love with you by looking into your face, so he puts a spell on you that makes everybody else only see your back. **Turn your chair around** so that your back faces the table. You can sit normal again when you have thrown a **2, 4 or 6**.

Oberon does not want the others to find you so he has put a shrinking charm on you that reduces you to half your size. **Stay seated** while **everybody else** at the table **has to stand up** until you throw a **4, 5 or 6**.

© Schöningh Verlag, Best.-Nr. 041065

Puck has shown you a secret passage through the forest which will save you a lot of time. **Move three fields forward!**	You have just noticed that you have lost the ring your darling has given to you as a sign of your everlasting love. Better go back and start looking for it soon! **Move back three fields!**
You have eaten from a magical apple tree. Now you can run much faster than before. **Move three fields forward!**	You have drunk water from a magical spring. Unfortunately this sends you to sleep for a few hours. **Move back three fields!**
A very friendly fairy heard you crying and took pity on you. It transformed itself into a horse and gave you a lift. **Move three fields forward!**	Oberon has put a blinding spell on you. Instead of waiting until it wears off you decided to keep moving and walked straight into a tree. Now your head hurts like hell and you take some time to recover. **Move back three fields!**
Titania has taken a fancy to you, especially as her husband does not seem to like you much. She gives you a magic powder with which you can travel at the speed of light until it is used up. **Move three fields forward!**	You have reached a dead end. It is impossible to get through the thicket in front of you. Go back and take the right turn this time. **Move back three fields!**
Thankfully the fairies are concentrating on the other players for the moment so you can walk unhindered for a while. **Move three fields forward!**	You have just seen something so scary between the trees ahead of you that you run back screaming all the way to the last crossroads where you will take a different path this time. **Move back three fields!**

© Schöningh Verlag, Best.-Nr. 041065

Quiz Cards

Puck is also known by the name of ...

... Robin Goodfellow.
... Walter Cronkite.
... Henry Hellsangel.

Two moons of the planet Uranus are called ...

... Lysander and Hermia.
... Demetrius and Helena.
... Oberon and Titania.

Where does the story take place?

- London
- Rome
- **Athens**

The play Bottom and his group want to perform is called ...

... Romeo and Juliet.
... Pyramus and Thisbe.
... Tristan and Isolde.

The play Midsummer Night's Dream is a ...

... tragedy.
... comedy.
... history play.

Nick Bottom's real profession is ...

... weaver.
... plumber.
... builder.

The love potion is made of ...

... a flower.
... a root.
... an animal.

If Hermia does not marry Demetrius her father threatens to ...

... send her to a cloister to become a nun.
... have Lysander killed.
... disinherit her.

Titania's and Oberon's row is about ...

... an Indian tiger.
... an Indian boy.
... an Indian sapphire.

On what day in the year is Midsummer's Night?

- 4th July
- **21st June**
- 31st July

© Schöningh Verlag, Best.-Nr. 041065

In Shakespeare's days fairies were thought to ...

... have pointed ears and platinum blond hair.
... have wings and carry a magic wand.
... be able to take any shape they wanted.

In colloquial modern English the term "fairy" can also refer to a ...

... homosexual man.
... beautiful girl.
... washing powder.

In Shakespeare's days fairies were thought to live ...

... in a secret place beyond Earth called "Otherworld".
... in huge caverns below the ground.
... in wooden palaces in the tops of the tallest trees.

Fairies were known to be ...

... very beautiful.
... great thieves.
... helpful creatures.

How can ordinary people enter the world of fairies?

- through prayer
- by looking really hard
- **in their dreams**

What is special about Midsummer's Night?

- **It is the day when daylight is at its longest.**
- It is the exact middle of summer.
- It is also Shakespeare's birthday.

Which of the following quotes is taken from "Midsummer Night's Dream?"

- "What's done is done"
- **"Lord, what fools these mortals be!"**
- "Young men's love lies not in their hearts but in their eyes."

When was the play written?

- about 1587/1588
- **about 1595/1596**
- about 1606/1607

Which of the following characters does not appear in the play?

- Egeus
- Peaseblossom
- **Prospero**

Which famous piece of classical music was written for a musical version of "A Midsummer Night's Dream"?

- **Mendelssohn's "Wedding March"**
- Beethoven's "Ninth Symphony"
- Mozart's "Magic Flute"

© Schöningh Verlag, Best.-Nr. 041065

Vocabulary Cards

• love • ugly • to perform	• king • expensive • to run
• hate • smart • to chase	• queen • fast • to shout
• forest • blue • to help	• father • small • to open
• magic • beautiful • to hurt	• play • closed • to catch
• tree • sad • to fly	• actor • lucky • to cook
• dream • colourful • to smile	• moon • loud • to dance

© Schöningh Verlag, Best.-Nr. 041065

• wedding • terrible • to jump	• poet • windy • to understand
• night • broken • to cry	• fairy • hot • to fight
• flower • dark • to throw	• eye • deep • to explain
• • •	• • •
• • •	• • •
• • •	• • •

© Schöningh Verlag, Best.-Nr. 041065

Scorecards

Character	Plot Act II	Plot Act III	Plot Act IV *(The couples are woken by the Duke of Athens and his fiancé)*	Plot Act V
Demetrius	*In love with: Hermia* Demetrius follows Hermia and Lysander into the forest, hoping to catch up with them. He does not listen to Helena's pleading but rejects her rather cruelly.	*In love with: 1st Hermia, then Helena* Demetrius finds Hermia but she only blames him for Lysander's disappearance. Oberon puts the love potion into Demetrius' eyes and when he wakes up he falls in love with Helena. He is led astray and falls asleep on his own.	*In love with: Helena* When Demetrius wakes up he is still under the influence of the love potion and therefore in love with Helena and does not want to marry Hermia anymore. They return home to sort out their relationship.	*In love with: Helena* Demetrius is invited to the Duke's wedding where he gets married to Helena.
Lysander	*In love with: 1st Hermia, then Helena* Lysander escapes into the forest with Hermia. Puck mistakenly puts a love potion into the sleeping Lysander's eyes which makes him fall in love with Helena when she stumbles over him. When he declares his love for her, Helena runs away and Lysander follows her.	*In love with: Helena* Lysander is chasing Helena through the forest. He is led astray and falls asleep on his own.	*In love with: Hermia* When Lysander wakes up he is cured and in love with Hermia again. He confesses to eloping with her but is not punished as Demetrius now loves Helena and does not want Hermia anymore.	*In love with: Hermia* Lysander is invited to the Duke's wedding where he gets married to Hermia.
Hermia	*In love with: Lysander* Hermia escapes into the forest with Lysander. They fall asleep and when she wakes up again she is all alone.	*In love with: Lysander* Hermia is looking for Lysander. When she meets Demetrius she thinks he is behind her love's disappearance. She is led astray and falls asleep on her own.	*In love with: Lysander* Hermia is happy to have her Lysander back. They return home to sort out their relationship.	*In love with: Lysander* Hermia is invited to the Duke's wedding where she gets married to Lysander.

Character	Plot Act II	Plot Act III	Plot Act IV *(The couples are woken by the Duke of Athens and his fiancé)*	Plot Act V
Helena	*In love with: Demetrius* To win back Demetrius' love, Helena tells him about Hermia's plan to run away with Lysander. When Demetrius follows the couple, Helena runs after him pleading with him but he turns her down which leaves her sad and lonely until she stumbles over the drugged Lysander who then declares his love for her.	*In love with: Demetrius* Helena is running away from Lysander. When she meets Demetrius again, he declares his love for her but she thinks both men are playing a joke on her. She runs away and falls asleep on her own.	*In love with: Demetrius* Helena is happy to have her Demetrius back. They return home to sort out their relationship.	*In love with: Demetrius* Helena is invited to the Duke's wedding where she gets married to Demetrius.
Bottom	*In love with: no one* No appearance yet	*In love with: no one, but loved by Titania* Bottom and his colleagues meet in the forest to rehearse their play. Puck transforms his head into a donkey's and Bottom is therefore left by his scared friends. When the drugged Titania sees him she falls in love with him.	*In love with: no one* Titania is cured as well as Bottom who returns to his group looking normal again but refuses to tell what happened in the forest.	*In love with: no one* Bottom and his group perform a tragedy at the Duke's wedding. Their performance is so bad that everybody starts laughing.

Station *Hamlet*

Methode	Verfassen eines Theaterstücks
Arbeitsform	Gruppenarbeit
Kompetenzen	(Creative) Writing, Speaking
Dauer der Arbeitsphase	30–45 Minuten
Materialien	Wörterbücher, Arbeitsblätter in Kopie
Form der Ergebnissicherung	Szenisches Spiel
Dauer der Ergebnissicherung	ca. 90 Minuten
Organisatorische Hinweise	Von der Benutzung von Smartphones wird abgeraten, da hierbei die Versuchung zu groß ist, im Internet zu recherchieren, worum es im Originalwerk geht. Aus denselben Gründen ist es auch sinnvoll, wenn die Gruppen ihre Texte in der Schule fertigstellen und nach Möglichkeit nicht als Hausaufgabe vollenden. Abhängig von der Art des Einsatzes des Lernzirkels ist es denkbar, die Texte der Schüler vor der Ergebnissicherung auf sprachliche Fehler hin zu korrigieren, wenn die Arbeiten beispielsweise als zusätzliche Note gewertet werden sollen. Zur Stunde der Ergebnissicherung sollten alle Gruppen ihre Skripte und Requisiten mitbringen.

1. Arbeitsphase und Ergebnissicherung

1.1 Aufgabenstellung in der Arbeitsphase (vgl. Kopiervorlage)

Die Schüler sollen ein fünfminütiges Theaterstück mit dem Titel „Hamlet“ verfassen. Das Skript dazu muss dabei sowohl Dialoge als auch Regieanweisungen und Beschreibungen der Szenerie und Requisiten enthalten. Inhaltlich sind die Arbeitsgruppen lediglich an die Charakterbeschreibungen auf dem Arbeitsblatt und die Verwendung der Originalzitate gebunden.

1.2 Ergebnissicherung

- Austausch der Skripte

Zu Beginn der Stunde tauschen die Gruppen die Skripte (alle Kopien), Requisiten und Kostüme untereinander aus, sodass keine Gruppe ihr eigenes Stück vor sich liegen hat. Da die Gruppen gleich groß sein sollten und jeder Schüler sein eigenes Exemplar weitergibt, sollte jeder Schüler ein Skript erhalten, um damit die folgende Aufgabe zu bearbeiten:

> Read the script and prepare to act out the play.

Die nötigen Requisiten und Kostüme erhalten die Schüler von der Gruppe, die das Stück geschrieben hat.

Präsentation der Stücke

Nach einer gewissen Vorbereitungszeit präsentieren die Schüler die Stücke, wobei die Texte selbstverständlich abgelesen werden dürfen. Der Rest des Kurses schaut zu und füllt die Tabelle auf dem Arbeitsblatt zur Ergebnissicherung aus (vgl. Kopiervorlage, S. 33).

Besprechung der Ergebnisse

Nach der Präsentation werden die Ergebnisse im Plenum besprochen. Hierbei sollten nach Möglichkeit die Gruppen den Inhalt der jeweiligen Stücke wiedergeben, die mit diesen bisher nichts zu tun hatten, d. h., die diese weder geschrieben noch aufgeführt haben. Im Anschluss an die inhaltliche Zusammenfassung erhält die Gruppe der Schauspieler die Möglichkeit, auf Schwächen des Skriptes oder Probleme mit diesem hinzuweisen. Die Gruppe der Autoren sollte Stellung dazu beziehen und darf ihrerseits auf mögliche Interpretationsfehler der Schauspieler verweisen. Abschließend sollten die Stücke miteinander verglichen werden, um Gemeinsamkeiten und Unterschiede festzustellen und zu spekulieren, welches Skript der Version von Shakespeares Hamlet am nächsten kommt.

Vergleich mit Shakespeares Hamlet

Zuletzt sollten die Versionen der Schüler mit dem Originalstück verglichen und die wesentlichen Unterschiede hervorgehoben werden. Hierbei gibt es vielfältige Möglichkeiten: So kann die kurze Zusammenfassung aus dem Erwartungshorizont kopiert werden oder eine kurze filmische Version wie beispielsweise „Shakespeare – The Animated Tales“ (30 Minuten) gezeigt werden. An dieser Stelle können die Schüler begründen, warum sie in ihren Stücken eventuell eine andere Handlung niedergeschrieben haben.

2. Didaktische und methodische Überlegungen

2.1 Zur Station

„Hamlet“ zählt sicherlich zu den bekanntesten Stücken William Shakespeares und darf deshalb in einem Lernzirkel, der dazu dienen soll, die Schüler mit einer Auswahl von Shakespeares Werken bekannt zu machen, nicht fehlen. Die Fülle an Intrigen und innerfamiliären Konflikten gepaart mit der inneren Zerrissenheit des Protagonisten übt seit jeher eine besondere Faszination aus und wird vermutlich auch die Schüler ansprechen, insbesondere das dramatische Ende, welches nur eine der Hauptpersonen überlebt. Zudem lässt sich das Werk sehr gut auf die Haupthandlung, den Konflikt zwischen Hamlet und seinem Onkel, reduzieren, was eine Nachbetrachtung vereinfacht.
Die Konstellation der Charaktere bietet allerdings viel Spielraum für Spekulationen bezüglich der Handlung, was dazu führen könnte, dass die Versionen des Stückes, welche die Schüler nur mit Hilfe der Vorgaben auf dem Arbeitsblatt an dieser Station erarbeiten, stark vom Original abweichen. Dies ist jedoch kein Problem und sogar erwünscht, da die Schüler so in der Nachbetrachtung die Handlung des Originals genau verfolgen werden, um Unterschiede und Gemeinsamkeiten mit ihren eigenen Werken festzustellen. Hierbei ließe sich beispielsweise gut die Handlungsweise des Protagonisten in den Mittelpunkt stellen und diskutieren, welche Alternativen Hamlet gehabt hätte, mit der schwierigen Situation umzugehen.
Die Entscheidung, die Schüler in Gruppenarbeit ein „Theaterstück“ schreiben zu lassen, basiert auf mehreren Überlegungen. So ermöglicht die Arbeit in der Gruppe auch sprachlich schwächeren Schülern, sich aktiv in den Arbeitsprozess einzubringen, da es hierbei nicht nur um Sprachrichtigkeit, sondern auch um kreative Ideen und ein gewisses Maß an Organisation geht. Im Idealfall unterstützen sich die Gruppenmitglieder also gegenseitig und bringen ihre jeweiligen Stärken ein. Hierfür ist es selbstverständlich erforderlich, dass sich die Schüler in den gruppendynamischen Prozess eingliedern, was ebenfalls eine wünschenswerte Lernerfahrung ist. Beim Spekulieren über den Inhalt des Stückes werden sich die Schüler intensiv mit den inhaltlichen Vorgaben beschäftigen und versuchen

müssen, sich in die einzelnen Charaktere hineinzudenken, was die inhaltliche Erfassung des Stückes intensiviert. Kernkompetenzen des Fremdsprachenunterrichts wie das Sprechen und Schreiben werden dabei ebenfalls gefördert, da die Diskussionen in der Gruppe selbstverständlich in englischer Sprache geführt werden sollten und das Verfassen des Skriptes nicht nur die Kreativität fördert, sondern auch die schriftliche Ausdrucksfähigkeit.
Die formalen Vorgaben auf dem Arbeitsblatt, wie die Verwendung von Regieanweisungen und der Beschreibung der Szenerie im Skript, dienen zum einen dazu, dass sich die Schüler in die von ihnen geschaffene Geschichte wirklich hineinversetzen, zum anderen ist die Erfüllung dieser Vorgaben für die Form der Ergebnissicherung sehr wichtig (vgl. Ergebnissicherung). Die inhaltlichen Richtlinien wie die kurze Beschreibung der Charaktere sollen ein gewisser Richtungsweiser sein, um was es in dem Stück gehen könnte, ohne die Lerngruppe dabei in ihrer Kreativität zu sehr einzuschränken. Im Idealfall ist den Schülern Shakespeares Werk nicht bekannt, sodass sie die Charaktere unbefangen miteinander agieren lassen können, was natürlich dazu führen kann, dass ihre Versionen in eine völlig andere Richtung laufen als das Original. Allerdings wird es den meisten Schülern vermutlich problematisch erscheinen, dass Hamlets Mutter kurz nach dem Tod ihres Gatten dessen Bruder heiratet, womit der Hauptkonflikt des Stückes im Ansatz vorskizziert ist. Die vorgegebenen Requisiten sowie die Originalzitate auf dem Arbeitsblatt geben ebenfalls Hinweise auf die Handlung. Gleichzeitig lernen die Schüler hierbei jedoch auch die bekanntesten Zitate aus „Hamlet" kennen, die ihnen später in anderen Zusammenhängen mit Sicherheit an der einen oder anderen Stelle begegnen werden. Dadurch, dass sie die Textauszüge selbst verwenden sollen, müssen sie sich im Vorfeld Gedanken über deren Bedeutung machen, wobei es nicht erheblich ist, wenn die Aussagen den falschen Charakteren in den Mund gelegt werden, da in der Nachbesprechung geklärt wird, wer was warum sagt.

2.2 Zur Ergebnissicherung

Die einzelnen Gruppen zu Beginn der Stunde ihre Skripte austauschen zu lassen, hat mehrere Gründe. Da die Skripte auch Regieanweisungen enthalten sollen, müssten die Gruppen in der Lage sein, auch das ihnen fremde Stück aufzuführen. Mögliche Schwächen der Skripte werden dadurch gleichzeitig sehr schnell sehr deutlich. Die Schüler lösen sich dabei von ihren eigenen Resultaten und erhalten einen direkten Zugang zu der Arbeit der anderen.
Bei der folgenden Präsentation ist damit auch die Aufmerksamkeit zumindest der Gruppe der Autoren gesichert, die mit Sicherheit genau verfolgen wird, was die andere Gruppe aus ihrem Stück macht. Die Tabelle zur Ergebnissicherung erleichtert den Schülern das Anfertigen von Notizen und strukturiert diese zudem in später leicht zu vergleichender Form vor. Gleichzeitig kann auf einfache Art und Weise überprüft werden, inwieweit die Vorgaben auf dem Arbeitsblatt umgesetzt wurden.
Bei der anschließenden Besprechung ist es jedoch wichtig darauf zu achten, nicht nur nach Fehlern zu suchen, sondern auch die positiven Aspekte der Arbeiten hervorzuheben und den Gruppen die Möglichkeit zu geben, ihre Ergebnisse zu erklären oder gegebenenfalls zu rechtfertigen. Beim abschließenden Vergleich der Stücke miteinander können allgemeine Tendenzen oder auch die gravierendsten Unterschiede herausgearbeitet werden.
Ganz am Ende sollten die Schüler erfahren, was in Shakespeares „Hamlet" passiert, und die letzte Spalte der Tabelle auf dem Arbeitsblatt ausfüllen, welche aufgrund der besseren Vergleichbarkeit dieselben Aspekte beinhaltet wie die Zusammenfassung der Schülerstücke zuvor. Hierfür gibt es verschiedene Möglichkeiten: Genutzt werden kann beispielsweise die kurze Zusammenfassung aus dem Lösungsvorschlag. Dies spart Zeit, erfordert aber, dass die Zitate vom Lehrer zugeordnet werden, da sie nicht wörtlich erwähnt werden. Eine kurze Filmsequenz zu zeigen dauert zwar länger, ist dafür aber sehr anschaulich und bietet im Anschluss an die Darbietungen der Schüler einen passenden Abschluss. Neben dem erwähnten 30-minütigen Cartoon aus „Shakespeare – The Animated Tales" bietet auch das Internet eine Vielzahl von Kurzfilmen, die unter anderem bei „YouTube" zu finden sind. Die Lerngruppe wird die Handlung des Originals an dieser Stelle vermutlich genauer verfolgen als sie es

ohne die Arbeit an der Station getan hätte, da sich für sie der Reiz ergibt, herauszufinden, was nun wirklich passiert, beziehungsweise, welche Gruppe dem Original am nächsten kam.
Am Ende der Besprechung sollten die Schüler ein komplett ausgefülltes Arbeitsblatt vor sich liegen haben, welches einen Vergleich des Originals mit den Schülerversionen vereinfacht und die Arbeitsergebnisse auf einen Blick greifbar macht.

Task

Write a play called "Hamlet" based on the information below. Your play should be about **5 minutes** long. All of you need to have a copy of the script.

Your script should include:

- **Dialogue:** what the characters say
  For example:
  Hamlet: "I feel really lonely."
- **Stage directions:** what the characters do
  For example:
  Hamlet waves and leaves the room.
- A short description of the **setting and scenery**:
  Where does the scene take place and what does the stage look like?

Characters

The following characters have to appear in your play:

- Hamlet: Prince of Denmark whose father, the King, has recently died
- Claudius: the new King of Denmark – Hamlet's uncle
- Gertrude: Hamlet's mother who married Claudius shortly after her husband's death
- Polonius: advisor to Claudius
- Ophelia: Polonius' daughter and beloved by Hamlet
- Laertes: Polonius' son
- Horatio: Hamlet's closest friend
- A Ghost

As there are a lot of characters you should think of a way to **get rid of some of them**. You should also make sure that one pupil can play two characters, i.e.: they should not appear on stage together. The audience has to be able to tell who is who, so use props or costumes to make that clear *(stage directions, description of scenery)*.

Quotes

The following original lines have to be included in your script. The sequence in which you use them is up to you as well as the person saying them.

1. "Frailty, thy name is woman!"
2. "Something is rotten in the state of Denmark."
3. "There are more things in heaven and earth, Horatio, than are dreamt of in your philosophy."
4. "To be, or not to be, that is the question [...]"
5. "The rest is silence."

Props

You will have to include the following props but are free to add more:

- 2 swords, 1 crown, 1 skull, 1 chalice *(a cup will do)*

© Schöningh Verlag, Best.-Nr. 041065

Hamlet – The Plays

	Setting (Where?)	Plot (What?)	Disappearing characters (Who + how?)	Quotes (Who says what?)	Props
Group 1					
Group 2					
Group 3					
Group 4					
Group 5					
Group 6					
Shake-speare					

© Schöningh Verlag, Best.-Nr. 041065

Brief plot summary

Hamlet is the son of the recently deceased King of Denmark. Shortly after his brother's death Hamlet's uncle Claudius marries Hamlet's mother Gertrude and becomes the new King. His father's ghost tells Hamlet that he was murdered by Claudius and demands that Hamlet avenges him. Hamlet agrees but is not entirely sure if the ghost has told him the truth. He tries to trick Claudius into confessing his guilt while he himself pretends to have gone mad with grief to avert suspicion. Ophelia who is in love with Hamlet is alarmed by her beloved's strange behaviour and tells her father Polonius about it. Polonius and his son Laertes never approved of the match anyway, so apart from informing Claudius about his nephew's strange behaviour Polonius decides to keep an eye on Hamlet. During a dispute with his mother Hamlet hears a noise and, thinking it was Claudius, kills Polonius who is spying hidden behind a tapestry. Desperate with grief for her father and hurt by Hamlet's cold behaviour towards her, Ophelia drowns herself. Claudius convinces her brother Laertes that Hamlet is responsible for this tragedy and proposes a fencing match between them in which Laertes will use a poisoned rapier. To make sure of his nephew's death the King plans to offer Hamlet poisoned wine as well. During the duel Hamlet and Laertes are both mortally wounded by the poisoned rapier while Gertrude drinks the poisoned wine and dies. Laertes tells Hamlet about Claudius' foul play and Hamlet kills his uncle before the poison claims his life. Horatio, Hamlet's closest friend, is left to tell the tale.

Characters

- Hamlet: is killed by Laertes with a rapier that was poisoned by Claudius
- Claudius: is killed by Hamlet with a rapier
- Gertrude: drinks poisoned wine that was meant for Hamlet and dies
- Polonius: is (accidentally) stabbed by Hamlet
- Ophelia: drowns herself
- Laertes: is killed by Hamlet with a poisoned rapier that he meant to use on him
- Horatio: the only surviving character of the list
- The Ghost: is the ghost of Hamlet's father who was poisoned by his own brother Claudius

Setting

The play is set in Denmark, in the royal castle of Elsinore. The scenes take place inside the castle or in the castle grounds.

Quotes

"Frailty, thy name is woman!" (Act I, scene 2) – Hamlet refers to his mother Gertrude. He is angry that she stopped mourning his father and remarried so quickly.
"Something is rotten in the state of Denmark." (Act I, scene 4) – A guard (not on the list) says these words to Horatio when they see Hamlet following the ghost of his father.
"There are more things in heaven and earth, Horatio, than are dreamt of in your philosophy." (Act I, scene 5) – Hamlet points out to his friend how little even the most educated men can explain.
"To be, or not to be, that is the question [...]" (Act III, scene 1) – Hamlet muses about suicide.
"The rest is silence." (Act V, scene 2) – Hamlet's dying words.

Props

Die aufgeführten Requisiten sind ausreichend, abhängig von der Handlung des jeweiligen Stückes lässt sich die Liste ergänzen.

Station *Macbeth*

Methode	Schreiben einer Geschichte auf der Basis von Bildern.
Arbeitsform	Einzelarbeit
Kompetenzen	Creative Writing
Dauer der Arbeitsphase	30 Minuten
Materialien	Arbeitsblatt, Wörterbücher
Form der Ergebnis-sicherung	Austausch der Schülergeschichten und abschließender Vergleich mit dem Original.
Dauer der Ergebnis-sicherung	90 Minuten
Organisatorische Hinweise	Von der Nutzung von Smartphones wird abgeraten, da die Versuchung zu groß ist, im Internet nach Zusammenfassungen des Stückes zu suchen.

1. Arbeitsphase und Ergebnissicherung

1.1 Aufgabenstellung in der Arbeitsphase (vgl. Kopiervorlage)

An dieser Station schreiben die Schüler die Geschichte von Macbeth auf und orientieren sich dabei an den acht Comicbildern auf dem Arbeitsblatt (S. 37–39). Dabei sollen sie einen Stil wählen, der zu einer Geschichte passt, und nicht eine reine Zusammenfassung niederschreiben.

1.2 Ergebnissicherung

Austausch der Geschichten

Zu Beginn der Stunde werden die Geschichten der Schüler so ausgetauscht, dass jeder eine ihm fremde Geschichte vor sich liegen hat.

1. Read the story one of your classmates has written and correct mistakes you spot.
2. Summarize this story in **exactly 30 words**.

Vorstellung der Ergebnisse

Die Schüler stellen ihre kurzen Zusammenfassungen vor. Der Inhalt der Geschichten wird in einem oder mehreren Schlagwörtern an der Tafel gesammelt. Am Ende kann spekuliert werden, welche Geschichte am wahrscheinlichsten ist. Hierzu sollten die Comicbilder hinzugezogen werden und überprüft werden, ob diese richtig verarbeitet wurden.

Vergleich mit Shakespeares Macbeth

Zunächst erfahren die Schüler den Inhalt des Shakespearestückes. Hierzu bieten sich viele Möglichkeiten an, wie z. B. Zusammenfassungen oder Kurzfilme. Empfohlen wird die Macbeth-Version aus „Shakespeare – The Animated Tales". In einem abschließenden Vergleich mit dem Tafelbild wird geklärt, welche Schülergeschichte dem Original am nächsten gekommen ist. Zudem kann noch auf Details der Geschichte eingegangen werden, die in den Bildern nicht vorkommen, und diskutiert werden, ob sie zu Recht oder zu Unrecht fehlen.

2. Didaktische und methodische Überlegungen

2.1 Zur Station

Die Tragödie Macbeth gehört zu einem der am meisten im Unterricht gelesenen Werke William Shakespeares, was sicherlich nicht nur damit zusammenhängt, dass es sich dabei um das kürzeste Stück handelt, sondern auch mit der Geschichte an sich, die einmal mehr in sehr plastischer Form menschliche Abgründe darstellt, zusätzlich gewürzt durch das übernatürliche Element der Hexenprophezeiungen. Als Grundlage für die Bearbeitung dient in diesem Fall eine Graphic Novel, welche in zum Teil sehr drastischen Bildern und in leicht vereinfachtem Englisch die Akte wiedergibt. Durch die modern anmutende Verarbeitung des Werkes in einem Comic könnten sich einige der Schüler angesprochen fühlen, sich näher mit dem Inhalt zu befassen. Zudem hilft die bildliche Darstellung beim Verständnis der Geschichte, da auch die vereinfachten Dialoge und Monologe nicht immer leicht zu verstehen sind, insbesondere dann, wenn dem Leser das Werk unbekannt ist.
Insgesamt wurden acht Bilder ausgewählt, welche einige der Kernszenen und inhaltlichen Wendungen darstellen. In den meisten Fällen erklären die Sprechblasen, wer auf dem Bild zu sehen ist, zum Teil muss jedoch logisch geschlussfolgert werden, welche Person dargestellt wird, wie beispielsweise König Malcolm auf dem letzten Bild oder Lady Macbeth in Bild 3. Auf der Grundlage der abgedruckten Bilder sollte es auch den Schülern, die das Stück nicht kennen, möglich sein, die Geschichte im Wesentlichen wiederzugeben. Details, wie zum Beispiel die Ermordung Banquos und das Erscheinen seines Geistes, wurden weggelassen, um die Schüler nicht zu sehr zu verwirren und das Arbeitsblatt nicht zu überfrachten. In der Aufgabe wird jedoch darauf verwiesen, dass es Lücken zwischen den Bildern gibt, welche die Schüler füllen sollen. Wichtig hierbei ist nicht nur das korrekte Einbauen der Bilder in die Texte der Schüler und die inhaltliche Logik, sondern auch der von ihnen gewählte Stil, welcher zu einer Geschichte passen soll. Dadurch üben die Schüler nicht nur eine Form des kreativen Schreibens, welche über eher nüchterne Zusammenfassungen hinausgeht, sondern sie müssen sich auch intensiv mit den Bildern beschäftigen und die darin skizzierten Dialoge und Szenerien in ihren Geschichten verarbeiten.

2.2 Zur Ergebnissicherung

Durch den Austausch der Geschichten unter den Schülern und die spätere Zusammenfassung möglichst vieler verschiedener Versionen in der ganzen Gruppe soll erreicht werden, dass die Texte der Schüler im ganzen Kurs vorgestellt werden und nicht nur vom Lehrer gelesen werden.
Aufgabe 1 der Arbeitsphase entfällt selbstverständlich, wenn die Arbeiten bereits vom Lehrer korrigiert wurden oder wenn Bedenken bestehen, dass die Korrektur durch die Schüler zu Spannungen in der Gruppe führen könnte. Die in der zweiten Aufgabe verlangte Kurzzusammenfassung erfordert es, dass sich die Schüler intensiv mit dem ihnen vorliegenden Text befassen. Die exakte Begrenzung auf dreißig Worte zwingt sie ferner dazu, sich wirklich nur auf die wesentlichen Elemente zu konzentrieren und ganz genau zu überlegen, welche Formulierungen sie verwenden können. Gleichzeitig erleichtern diese knappen Wiedergaben das spätere Sammeln der Ergebnisse an der Tafel. Letzteres ist nötig, um einen möglichst umfassenden abschließenden Vergleich vornehmen und dabei auf alle vorgestellten Geschichten zurückgreifen zu können.
Für den darauf folgenden Vergleich mit dem Original bietet sich die Macbeth-Adaptation aus „Shakespeare – The Animated Tales“ an, da es sich bei diesem Cartoon um eine stilistisch der Graphic Novel ähnliche Version handelt. Natürlich lassen sich auch andere Filme oder schriftliche Zusammenfassungen wie die im Lösungsvorschlag nutzen. Die Leistungen der Schüler werden durch den Vergleich noch einmal gewürdigt und die Handlung des Originals durch die abschließende Diskussion über den Sinn oder Unsinn fehlender Details genauer beleuchtet.

Task

Write down the story of Macbeth based on the cartoon images below. The pictures are in the correct order, however there are a lot of pictures missing, so use your imagination and follow the logic of the other pictures to fill the gaps.
As you are supposed to write a story and not a pure summary make sure you use past tenses and an appropriate style (i. e. adjective, dialogues, description of scenery ...).

①

②

© Schöningh Verlag, Best.-Nr. 041065

3

4

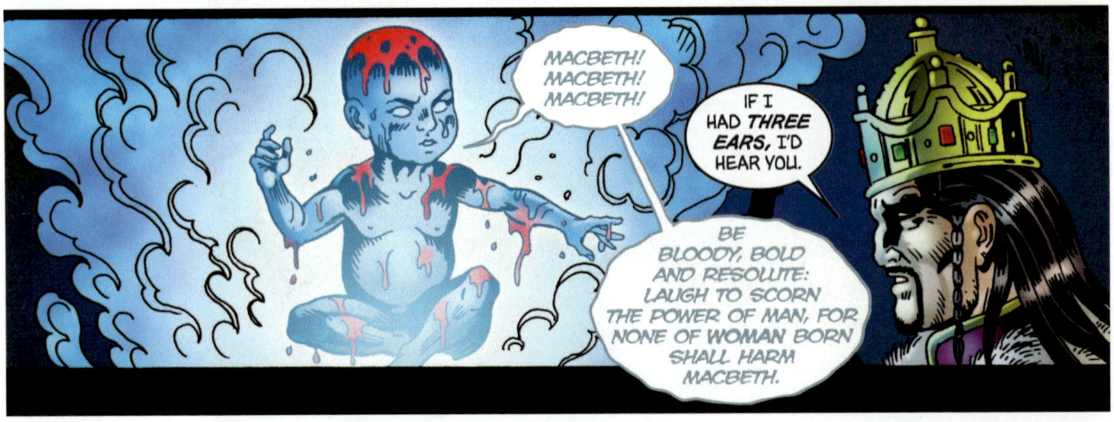

5

© Schöningh Verlag, Best.-Nr. 041065

6

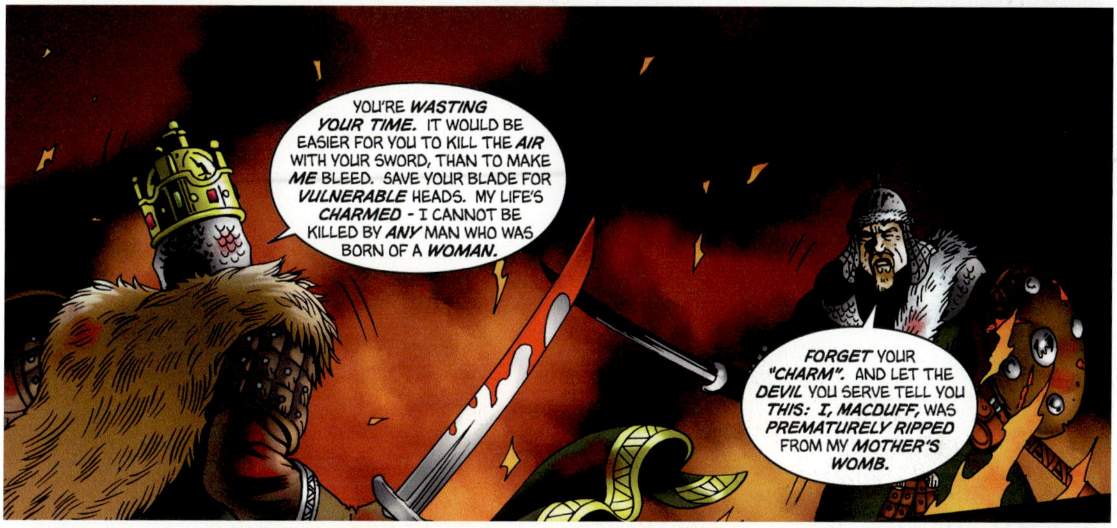

7

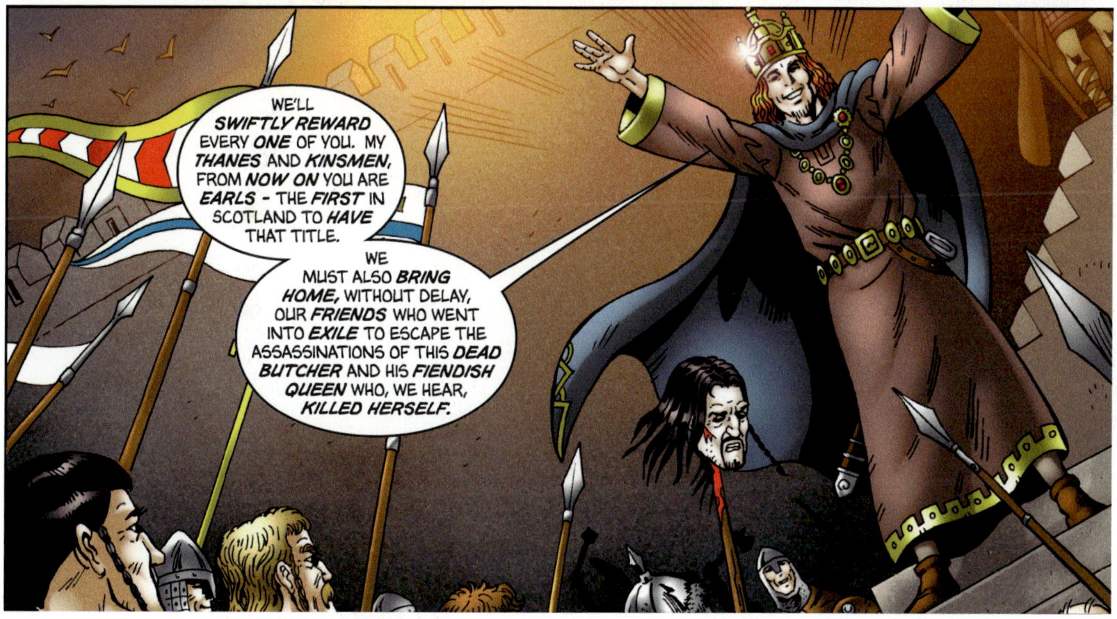

8

Clive Bryant (ed.), William Shakespeare: Macbeth – The Graphic Novel, Classical Comics, Litchborough 2008

© Schöningh Verlag, Best.-Nr. 041065

Brief Plot Summary

Macbeth and his friend Banquo return victoriously from battle when they meet three witches who prophesy that Macbeth will not only become Thane of Cawdor but also King although the actual King Duncan is still alive (picture 1).This means that Duncan who is currently staying at Macbeth's castle has to die before the newly acclaimed Thane of Cawdor can put the crown on his head. However, Macbeth has qualms about murdering his King (picture 2). His wife does not suffer from pangs of conscience but urges him on until he finally stabs Duncan. Lady Macbeth tells her husband to leave the bloody daggers with the sleeping attendants to avert suspicion from him to them (picture 3). Macbeth becomes King but Macduff and others do not accept his reign and form a strong opposition while Duncan's eldest son has escaped to England (picture 4). Another prophecy tells Macbeth that he cannot be harmed by any man born by a woman (picture 5). This reassures the new King even though his enemies are now marching on to fight him in Birnam (picture 6). On the battlefield Macbeth tells Macduff about the prophecy of his invincibility only to learn that Macduff was was born by Caesarean (picture 7). In the end Malcolm becomes King and presents the head of Macbeth. Lady Macbeth has killed herself (picture 8).

Missing Parts

- Lady Macbeth's role in the murder plot is only hinted at
- Macbeth's hallucinations
- The murder of Banquo and his return as a ghost
- The prophecy about Birnam forest
- The murder of Macduff's family
- The madness of Lady Macbeth

Station *Much Ado about Nothing*

Methode	Erstellen eines Filmplakats
Arbeitsform	Gruppen- oder Einzelarbeit
Kompetenzen	Reading Comprehension + Umsetzung von Informationen in kreativer Form
Dauer der Arbeitsphase	45 Minuten
Materialien	Kopierte Arbeitsblätter mit Zusammenfassungen, DIN A3-Blätter oder größer, Wörterbücher (eventuell: Stifte, Scheren, Kleber, Zeitschriften)
Form der Ergebnissicherung	Gallery Walk + Vergleich mit realem Filmplakat
Dauer der Ergebnissicherung	45 Minuten
Organisatorische Hinweise	Auf die Verwendung von Smartphones sollte verzichtet werden, da die Schüler sonst nach realen Filmplakaten suchen könnten statt ihre eigenen Ideen umzusetzen. Neben Stiften können den Gruppen auch Zeitschriften, Scheren und Kleber zur Verfügung gestellt werden, sodass neben Gemälden auch Collagen oder Mischformen von beiden möglich wären.

1. Arbeitsphase und Ergebnissicherung

1.1 Aufgabenstellung in der Arbeitsphase (vgl. Kopiervorlage)

Die Schüler erhalten eine knappe Zusammenfassung des Stückes, aus der sie die Hauptcharaktere und Handlungsstränge herausarbeiten. Dieses Wissen sollen sie dann umsetzen, indem sie ein Plakat zu einem auf dem Stück basierenden Film erstellen.

1.2 Ergebnissicherung

- **Gallery Walk**

Die Poster der Schüler werden in möglichst weitem Abstand zueinander im Raum aufgehängt. Die Gruppen erhalten dann Zeit, die Werke in Ruhe zu betrachten und sich Notizen zu machen.

> Have a close look at the posters and take notes on the slogans and the designs your classmates have chosen. Which aspects appeal to you and which do not?

- **Besprechung**

Die Slogans und Schauspielerauswahl werden gesammelt und ebenso wie die illustrativen Ideen miteinander verglichen. Hierbei sollten Bezüge zu der Zusammenfassung aus der Arbeitsphase und somit zum Inhalt des Stückes hergestellt werden.

- **Analyse eines realen Posters**

Eine Folie mit einem Originalfilmplakat aus dem Jahr 1993 wird gezeigt. Die Schüler arbeiten auch hierbei zunächst den Slogan, die Schauspieler und die Gestaltung heraus, ehe sie das Plakat mit ihren eigenen Ideen vergleichen.

■ Abschlussbesprechung

Die Ergebnisse werden gesammelt und Gemeinsamkeiten und Unterschiede festgehalten. Abschließend wird überlegt, welches Poster oder welche Elemente den Inhalt des Stückes am besten widerspiegeln.

2. Didaktische und methodische Überlegungen

2.1 Zur Station

„Much Ado about Nothing“ ist eine romantische Komödie, deren Protagonisten zunächst allerlei Missverständnisse und böse Intrigen aus der Welt räumen müssen, bevor die Geschichte ein glückliches Ende nimmt. Damit weist das Werk durchaus Ähnlichkeiten mit anderen Stücken auf, mit dem Charakter der Beatrice ist hier jedoch eine auffallend starke weibliche Rolle vertreten, der es gelingt, ihrem männlichen Gegenpart Paroli zu bieten. Dies ist nicht nur im Hinblick auf die geplante Klausur nützlich, sondern stellt für die Zeit, in der das Werk entstanden ist, eine angenehme Besonderheit dar, die Bezugspunkte zur Gegenwart ermöglicht.

Das Erstellen eines Filmplakates mag auf den ersten Blick nicht viel mit den Kompetenzen des Fremdsprachenunterrichts zu tun haben. Bei genauerer Betrachtung wird jedoch deutlich, dass die Schüler durch diese eher künstlerische Aufgabe gehalten sind, den ersten Teil der Aufgabe, nämlich die Leseverständnisaufgabe sehr genau zu bearbeiten. Erst das genaue Verständnis der Handlung und der Charaktere ermöglicht es ihnen nämlich einen passenden Slogan und ein passendes Layout zu wählen. Dass die Schüler zusätzlich Schauspieler für die Rollen auswählen sollen, gibt ihnen außerdem die Möglichkeit, Bezüge zu ihrer eigenen Lebenswelt herzustellen und bei ihnen vertrauten Stars nach Ähnlichkeiten mit den Protagonisten des Shakespearestückes zu suchen. Hierfür bietet sich die Verwendung von Zeitschriften, aus denen Bilder ausgeschnitten werden können, natürlich an, sie ist aber nicht zwingend. Stifte zur Illustration sind ausreichend, da es zwar auch um die Gestaltung der Poster geht, aber der Inhalt dennoch vor der Ästhetik stehen sollte.

Bei der Zusammenfassung wurde bewusst auf einen recht kurzen Text zurückgegriffen, der auch sprachlich nicht zu anspruchsvoll ist, damit die Schüler die Aufgabe in der ungefähr veranschlagten Zeit bewältigen können. Zudem sollen sie nicht durch zu viele Details verwirrt werden, weswegen einige Charaktere namentlich nicht erwähnt werden.

2.2 Zur Ergebnissicherung

Der Gallery Walk bietet den Schülern die Möglichkeit, alle Poster in Ruhe zu betrachten und zu würdigen. Die Aufgabenstellung dient ihnen hierbei zur Orientierung. Damit diese auch erfüllt wird, sollten die Schüler angehalten werden sich Notizen zu machen, was zudem die spätere Besprechung erleichtert. Während dieser werden die in den Postern verarbeiteten Ideen und Besetzungsvorschläge gesammelt und miteinander und vor allem mit der Textvorlage verglichen. Hierdurch wird der Kerninhalt des Stückes noch einmal thematisiert und die Charaktere genau analysiert.

Die Frage der Besetzung bietet eine gute Möglichkeit, zum Poster der Verfilmung des Stückes unter der Regie von Kenneth Branagh aus dem Jahr 1993 überzuleiten. Die Schüler bearbeiten bei der Analyse dieselben Aufgaben wie zuvor, sodass ein späterer Vergleich schon vorstrukturiert ist. In der Besprechung sollten Gemeinsamkeiten und Unterschiede thematisiert werden, bevor abschließend überlegt wird, welche Elemente am besten zu einem derartigen Film passen. Damit erfahren die Arbeiten der Schüler eine weitere Wertung, da nicht unbedingt gesagt ist, dass nur Elemente des Originalposters ausgewählt werden.

Tasks

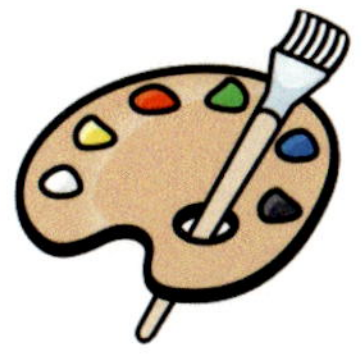

1. Read the summary of the play and work out the main characters, themes and storyline.
2. Design a poster for a possible film based on the play.
   Keep in mind that this poster is not only meant to lure people into the cinema but also to inform them about the contents of the film. Therefore you should think of an eye-catching layout but should also mention the main themes of the story. Decide which actors you would cast for the film and put their names on your poster, too. A nice slogan might also help to attract paying customers.

Brief plot summary of "Much Ado About Nothing"

Leonato, a kindly, respectable nobleman, lives in the idyllic Italian town of Messina. Leonato shares his house with his lovely young daughter, Hero, and his playful, clever niece, Beatrice [...]. As the play begins, Leonato prepares to welcome some friends home from a war. The friends include Don Pedro, a prince who is a close friend of Leonato, and two fellow soldiers: Claudio, a well-respected young nobleman, and Benedick, a clever man who constantly makes witty jokes, often at the expense of his friends. Don John, Don Pedro's illegitimate brother, is part of the crowd as well. Don John is sullen and bitter, and makes trouble for the others.

sullen angry, unwilling to smile

When the soldiers arrive at Leonato's home, Claudio quickly falls in love with Hero. Meanwhile, Benedick and Beatrice resume the war of witty insults that they have carried on with each other in the past. Claudio and Hero pledge their love to one another and decide to be married. To pass the time in the week before the wedding, the lovers and their friends decide to play a game. They want to get Beatrice and Benedick, who are clearly meant for each other, to stop arguing and fall in love. Their tricks prove successful, and Beatrice and Benedick soon fall secretly in love with each other.

But Don John has decided to disrupt everyone's happiness. He has his companion Borachio woo Margaret, Hero's serving woman, at Hero's window in the darkness of the night, and he brings Don Pedro and Claudio to watch. Believing that he has seen Hero being unfaithful to him, the enraged Claudio humiliates Hero by suddenly accusing her of lechery on the day of their wedding and abandoning her at the altar. Hero's stricken family members decide to pretend that she died suddenly of shock and grief and to hide her away while they wait for the truth about her innocence to come to light. In the aftermath of the rejection, Benedick and Beatrice finally confess their love to one another. Fortunately, the night watchmen overhear Borachio bragging about his crime. [...] The heads of the local police ultimately arrest Borachio [...]. Everyone learns that Hero is really innocent, and Claudio, who believes she is dead, grieves for her.

to woo a man attempts to persuade a woman to marry him
to humiliate to make someone feel ashamed
lechery showing a strong sexual interest in people
to abandon to leave
stricken suffering severely from the effects of something unpleasant
to brag to boast

Leonato tells Claudio that, as punishment, he wants Claudio to tell everybody in the city how innocent Hero was. He also wants Claudio to marry Leonato's "niece" – a girl who, he says, looks much like the dead Hero. Claudio goes to church with the others, preparing to marry the mysterious, masked woman he thinks is Hero's cousin. When Hero reveals herself as the masked woman, Claudio is overwhelmed with joy. Benedick then asks Beatrice if she will marry him, and after some arguing they agree. The joyful lovers all have a merry dance before they celebrate their double wedding.

SparkNotes, „Much Ado About Nothing – plot overview", www.sparknotes.com [03.03.2014] (abridged)

© Schöningh Verlag, Best.-Nr. 041065

Actual film poster

© Schöningh Verlag, Best.-Nr. 041065

Ergebnissicherung – Analyse des Originalposters

Layout

The poster is dominated by its centre in which the main characters are arranged around the title of the film and its director's name. At the top of this circle a middle-aged couple is smiling at the viewer while a younger man and woman are located at the bottom. These men wear the same uniform like the smiling dark-skinned man with the cigar on the right. Behind him another man in civilian clothes can be seen while the left is taken up by a grumpy-looking man. At the top of the poster five words are printed above an Italian landscape through which a group of soldiers on horses is riding. Below these the names of the actors are printed.
This poster clearly focusses on the characters of the story and therefore takes up the main topic of human relationships.

Slogan

Instead of a slogan five words can be found in this picture. The first four, „Romance", „Mischief", „Seduction" and „Revenge", sum up the themes of the story whereas the fifth, „Remarkable", can be seen as an appraisal of the film.

Actors

Kenneth Branagh – Benedick
Emma Thompson – Beatrice
Robert Sean Leonard – Claudio
Kate Beckinsale – Hero
Denzel Washington – Don Pedro
Michael Keaton – Dogberry, the local constable
Keanu Reeves – Don John

The young couple in the picture are the beautiful Hero and her beloved Claudio, so the older couple at the top must be Benedick and Beatrice. The posture of the man on the right and the cigar in his hand make him look a very self-confident man like Don Pedro whereas the man on the left appears to be rather sullen like Don John. The civilian in the back is obviously only a side character and could therefore be Borachio or the constable. As he appears on the side of Don Pedro and not on Don John's, the second option seems more likely.

Station *Richard III*

Methode	Charakterisierung
Arbeitsform	Einzelarbeit
Kompetenzen	Reading + Writing
Dauer der Arbeitsphase	30 Minuten
Materialien	Kopiertes Arbeitsblatt, Wörterbücher (eventuell: kopiertes Methodenblatt zum Thema „Writing a characterization“)
Form der Ergebnissicherung	Interrogation of Richard III
Dauer der Ergebnissicherung	45 Minuten
Organisatorische Hinweise	Für die Präsentation der Verhöre bei der Ergebnissicherung sollten die Gruppen an einem Tisch in der Mitte des Raumes Platz nehmen, sodass sie für den Rest des Kurses gut zu sehen sind.

1. Arbeitsphase und Ergebnissicherung

1.1 Aufgabenstellung in der Arbeitsphase (vgl. Kopiervorlage)

An dieser Station schreiben die Schüler eine Charakterisierung Richards III auf der Basis eines „zeitgenössischen“ Zeitungsartikels. Hierfür müssen sie zunächst alle Informationen bezüglich der Hauptperson des Stückes herausarbeiten, ehe sie diese dann in strukturierter Form in ihrem Text verarbeiten.

1.2 Ergebnissicherung

- Interrogation of Richard III

Die Schüler werden in Dreiergruppen eingeteilt. Ihre Aufgabe ist es nun sich vorzustellen, Richard hätte die Schlacht von Bosworth überlebt und würde nun von der Polizei zu seinen Verbrechen verhört werden. Dieses Verhör sollen sie in Dialogform aufschreiben. Hierbei übernehmen zwei Schüler die Rollen von Polizisten, die Richard zu jeder einzelnen seiner Taten und seinen Beweggründen befragen. Der dritte Schüler schlüpft in die Rolle des gefallenen Königs und versucht sich zu rechtfertigen.

> Imagine Richard III had survived the Battle of Bosworth and was arrested by the police. Write down the record of the former King's interrogation in police custody. In this dialogue two of you should take up the roles of constables who question the prisoner about every single deed of his whereas one of you plays Richard who tries to justify himself.

- Präsentation einzelner Verhöre

Drei bis vier Gruppen stellen ihre Dialoge vor. Während der Präsentation machen sich die anderen Schüler Notizen zu den Straftaten und den jeweiligen Rechtfertigungen des Königs.

> Take notes on the crimes Richard is charged with and his respective justifications.

■ Besprechung

In der abschließenden Besprechung werden die Dialoge miteinander verglichen und die Verbrechen Richards III seinen Rechtfertigungen gegenübergestellt. Die Ergebnisse werden gegebenenfalls von den anderen Schülern ergänzt, bevor die Person des gefallenen Königs genauer analysiert wird. Hierfür werden die Aspekte der Charakterisierung aus der Arbeitsphase gesammelt und überprüft, ob das Verhalten des Königs in den Verhören der Schüler dazu passt.
Eine abschließende Beurteilung der Person Richards III sollte nicht nur auf dem Inhalt des Shakespearestückes basieren, sondern auch durch Informationen zur realen historischen Person vervollständigt werden.

2. Didaktische und methodische Überlegungen

2.1 Zur Station

In der Reihe englischer Könige zählt Richard III eher nicht zu denjenigen, auf die sich Nachfahren mit Stolz berufen würden, vielmehr steht er sinnbildlich für den bösen machthungrigen Regenten, der sich mit seinen letzten Worten auch noch verzweifelt ein Pferd herbeiwünscht, um seinem Schicksal zu entfliehen. Diese negative Sichtweise wurde nicht zuletzt durch Shakespeares historisches Werk geprägt, welches dem Anschein nach geschichtliche Fakten wiedergibt, bei genauerer Betrachtung dabei jedoch ein sehr subjektives und den Tudors gefälliges Bild zeichnet. Durch die Mischung tatsächlicher Ereignisse mit der Phantasie, beziehungsweise der Propaganda entsprungenen Ausschmückungen, ist „Richard III" ein sehr gutes Beispiel für die Gattung historischer Stücke aus der Feder des Barden.
Der in dieser Station verwendete „Zeitungsartikel" der BBC fasst den wesentlichen Inhalt des Stückes in sehr verständlicher und unterhaltsamer Form zusammen. Die beschriebenen Gräueltaten Richards und die abgedruckten Zitate zeichnen dabei ein sehr anschauliches Bild der Hauptperson, weswegen es sich anbietet, die Schüler eine Charakterisierung des Königs anhand dieser Fakten schreiben zu lassen. Da die Hauptthemen des Stückes der Machthunger und die Durchtriebenheit Richards III sind, wird durch diese Aufgabe auch gleich der zentrale Inhalt des Stücks erfasst.
In der Aufgabenstellung werden die Schüler auf bestimmte Punkte wie „appearance, personality ..." hingewiesen, auf die sie achten sollten, sodass sie sich nicht nur auf einen Aspekt wie beispielsweise allein die Taten Richards konzentrieren, sondern ein möglichst umfassendes Bild zeichnen. Wenn die Schüler nicht darin geübt sind Charakterisierungen zu schreiben oder die Arbeit an solchen schon länger zurückliegt, kann an dieser Station auch ein kopiertes Methodenblatt zum Thema „Writing a Characterization" mit ausgeteilt werden. Da es sich hierbei um eine wesentliche Kompetenz des Englischunterrichts handelt, sollten die Schüler diese Aufgabe in Einzelarbeit erledigen, sodass jeder einzelne die Möglichkeit bekommt sie zu üben.

2.2 Zur Ergebnissicherung

Da Richard III in diesem Stück gleich diverse Verbrechen zur Last gelegt werden, bietet sich ein Verhör des Straftäters als Form der Ergebnissicherung an. Damit lassen sich zum einen durch die Fragen der Polizisten noch einmal die zentralen Aspekte der Handlung wiederholen. Welche Verhörmethoden die beiden dabei anwenden, ist ihnen überlassen. Dadurch, dass sie zu zweit sind, ließe sich aber beispielsweise das klischeehafte „Good cop, bad cop"-Spiel anwenden. Zum anderen können in dieses Verhör auch viele Fakten aus den Charakterisierungen mit einfließen. In dieser Hinsicht dürften insbesondere die Rechtfertigungen des Königs interessant sein, da diese viel über seine Persönlichkeit beziehungsweise darüber aussagen, wie die Schüler diese begriffen haben.
Die Präsentation der Dialoge durch die Gruppen sollte mitten im Raum stattfinden, sodass der Rest des Kurses die Schüler gut sehen kann. Um später den Überblick behalten zu können und um alle Schüler in die Aktivität miteinzubinden, sollten die anderen angehalten werden, sich Notizen zu den

erwähnten Verbrechen und den Rechtfertigungen des Verdächtigen zu machen. Um eine gewisse Vergleichbarkeit zu gewährleisten, sollten mindestens drei Gruppen ihre Dialoge vorstellen. Andererseits besteht die Gefahr, dass durch zu viele Präsentationen die Aufnahmefähigkeit der Klasse sinkt, weswegen sich die Anzahl der Vorstellungen an den Umständen orientieren sollte.

Bei dem anschließenden Vergleich der Ergebnisse werden die Verbrechen und die Rechtfertigungen des Königs auch mit den Charakterisierungen aus der Arbeitsphase abgeglichen. Hierbei wird nicht nur überprüft, ob die Darstellungen der Schüler vollständig und nachvollziehbar waren, sondern auch der Inhalt des Stückes wiederholt und in Einzelheiten genauer betrachtet.

Bei der abschließenden Bewertung des Charakters Richards III – bevor entschieden wird, zu wie vielen Jahren Gefängnis er verurteilt werden sollte – muss darauf hingewiesen werden, dass die Darstellung der Ereignisse in Shakespeares Stück sehr subjektiv ist. An dieser Stelle kann der Lehrer auf bestimmte Fakten aus der historischen Forschung verweisen, die zumindest zum Teil Richard in einem positiveren Licht erscheinen lassen[1].

Historians say:

- There is hardly any evidence that Richard III had a hump, but in Shakespeare's times people regarded a hunched back as an evil sign.
- Richard III was an able king and a good soldier who successfully quashed a rebellion by the Duke of Buckingham and a Scottish invasion.
- He worked together with Parliament and encouraged overseas trade.
- In the north he was quite popular.
- There is no absolute proof that he had his nephews murdered though evidence strongly suggests it. (Two small skeletons turned up in the Tower in the 17th century.) Sad and horrible as it is, in the circumstances this would have been a logical decision as the little princes would have grown up into angry young men who might have wanted to take revenge on their uncle.

[1] Seán Lang, British History for Dummies, John Wiley & Sons, Chichester 2004, p. 169

Task

Read the "contemporary newspaper article" about the fall of King Richard III. Collect all the information (personality, appearance, career ...) you get about the late King and use this and the quotes to write a detailed characterization of this nobleman.

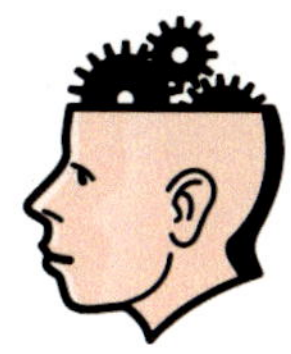

The 60 Second Times

Mon 19 Aug **Newspaper of the Year**

Richard III dies in battle

Victorious Earl of Richmond crowned King Henry VII

The reign of monster Richard III ended today at the Battle of Bosworth. Thrown off his horse, he was defeated in single combat by Earl of Richmond, leader of the forces opposing the hunchbacked* tyrant. Richard dead, Richmond was honoured as England's new King, Henry VII.

Richard's short reign has been a bloody chapter in England's history.

Cold-bloodedly murdering his way to the throne, he killed anyone who stood in his way – even his own family.

Victims included his brother George, his little nephews Edward and Richard, and his wife Anne. Richard's friends were no safer – cronies* Buckingham and Hastings both got the chop* on his orders.

Richard's ruthless rise to power began when his brother, Edward IV, fell ill.

Taking advantage of Edward's paranoia, Richard convinced him to lock up older brother George, Duke of Clarence, then had him killed by thugs*, who drowned him in a vat* of wine.

When Edward died, Richard conspired to be named Regent to nephew Edward V, even killing the young prince's maternal uncles to make sure he'd get the job. Once little Edward and his brother were in his power, he had them murdered.

Claiming the throne for his own, Richard began a stormy reign, marked by gathering unrest. To shore up his power base, he determined to marry his own niece, Elizabeth, Edward IV's daughter. His then-current wife Anne died at this time – probably not a coincidence.

But the match was prevented by the brave uprising led by Richmond, which finally toppled* tyrant Richard from the throne.

At the end, he may even have regretted his evil way. An awful dream of the ghosts of his victims upset him the night before the battle, perhaps even leading to his final defeat at Richmond's hands.

King Richard III pictured during his reign.

BBC Drama, "60 Second Shakespeare", www.bbc.co.uk, 10/2005 [04.03.2014]

Quote Unquote

"Now is the winter of our discontent/Made glorious summer by this son of York."

Richard III, Act I, Scene I

"I am determined to prove a villain."

Richard III, Act I, Scene I

"Was ever Woman in this humour wooed?
Was ever Woman in this humour won?
I'll have her, I will not keep her long."

Richard III, Act I, Scene II

"Conscience is but a word that cowards use, devised at first to keep the strong in awe."

Richard III, Act V, Scene III

"A horse! A horse! My kingdom for a horse!"

Richard III, Act V, Scene IV

hunchback a back with a large round lump (*Buckel*)
crony a friend/person who works for sb. in authority (*Kumpan*)
to get the chop to be executed with an axe
thug man who acts violently (*Schläger*)
vat a large container used for storing liquids
to topple to fall down

© Schöningh Verlag, Best.-Nr. 041065

Appearance

- hunchbacked

Personality

- monster, tyrant
- ruthless
- determined to prove a villain
- believes that conscience is for cowards only
- willing to sacrifice his kingdom to save his skin
- a terrible nightmare in which his victims' ghosts haunt him suggests that he finally feels sorry for what he has done

Career

- murders his way to the throne killing friends and family
- when his brother King Edward IV falls ill Richard convinces him to lock up their brother George whom he has finally drowned in a vat of wine
- when Edward dies Richard conspires to become Regent to his nephew Edward V, killing all the latter's maternal uncles
- when his nephews are in his power he has them murdered and claims the throne for himself
- has his friends Buckingham and Hastings executed
- during his reign there is a gathering unrest
- to strengthen his claim he wants to marry his niece Elizabeth but does not plan to keep her long
- handily his wife Anne dies at that time but the planned marriage is prevented by the Earl of Richmond
- his short bloody reign ends with the Battle of Bosworth
- thrown off his horse, he is defeated in single combat by the Earl of Richmond

Station *Romeo and Juliet*

Methode	Hörverständnisübung
Arbeitsform	Gruppenarbeit oder Einzelarbeit
Kompetenzen	Listening (Writing)
Dauer der Arbeitsphase	30 Minuten
Materialien	Kopierte Arbeitsblätter, CD, CD Player, wenn möglich Kopfhörer
Form der Ergebnis-sicherung	Talkshow „Star-Crossed Lovers"
Dauer der Ergebnis-sicherung	90 Minuten
Organisatorische Hinweise	Idealerweise sollten die Schüler Kopfhörer benutzen, sodass nicht der ganze Raum beschallt wird. Sollte dies nicht möglich sein, empfiehlt es sich, diese Station in einen Vorraum oder in den Flur zu verlegen, wenn dadurch keine anderen Lerngruppen gestört werden.

1. Arbeitsphase und Ergebnissicherung

1.1 Aufgabenstellung in der Arbeitsphase (vgl. Kopiervorlage)

An dieser Station sollen die Schüler ein Arbeitsblatt mit fünf Aufgaben zum Kerninhalt von „Romeo and Juliet" mithilfe eines Ausschnitts aus dem Audiobook „Shakespeare without the boring bits" bearbeiten (s. beiliegende CD). Sie können dies allein oder in der Gruppe tun.

1.2 Ergebnissicherung (vgl. Kopiervorlage)

- Vorbereitung der Talkshow

Die imaginäre Talkshow findet statt, nachdem der Plan des Friars gescheitert ist. In dieser Version haben Romeo und Juliet ihre Suizidversuche allerdings überlebt, sodass sie als Gäste an der Diskussion teilnehmen können. Diese Umstände sollten die Schüler erfahren, bevor sie per Losverfahren in acht Gruppen/Paare eingeteilt werden, die alle eine Rollenvorgabe und dazugehörige Aufgaben erhalten (vgl. Rollenkarten für die Talkshow). Die Gruppen Romeo, Juliet, Nurse, Friar, Mr. Capulet und Host bestehen aus zwei Schülern, während der Rest des Kurses sich auf die beiden Publikumsgruppen verteilt.

- Durchführung der Talkshow

Fünf Stühle werden in einem Halbkreis als Bühne zusammengestellt. Davor werden Stuhlreihen für das Publikum aufgebaut. Die jeweiligen Repräsentanten ihrer Gruppen und die Publikumsgruppen nehmen Platz, während sich die Talkmaster am Rand der Bühne halten und die Talkshow einleiten. Danach stellen sich die Gäste kurz vor, ehe die Talkmaster und das Publikum die Diskussion durch Fragen beginnen. Die Gäste müssen diese Fragen beantworten und dürfen sich auch aufeinander beziehen, bzw. miteinander reden. Die Partner der Repräsentanten fungieren als Assistenten und dürfen bei Bedarf unterstützend eingreifen. Die Talkshow ist erst beendet, wenn die Aufgaben aus der Originalaufgabe alle mit eingeflossen sind.

- Nachbesprechung der Talkshow

Nachdem die Schüler wieder auf ihre eigentlichen Plätze zurückgekehrt sind, erhalten die Talkshowgäste zunächst die Möglichkeit, sich zu ihren Erfahrungen zu äußern. Danach werden wesentliche Diskussionspunkte erneut aufgegriffen und mit den Originalaufgaben in Verbindung gebracht. Der Schwerpunkt sollte hierbei auf den Aufgaben 3–5 liegen.

2. Didaktische und methodische Überlegungen

2.1 Zur Station

Die Bedeutung von Shakespeares „Romeo and Juliet" lässt sich schon daran erkennen, dass die Namen der beiden Protagonisten gemeinhin als Synonym von (tragischer) Liebe gelten. Zudem bietet das Stück jedoch neben der Romantik auch humoristische und actiongeladene Aspekte, die nicht nur ein breites Publikum, sondern vermutlich auch die Schüler auf unterschiedliche Art und Weise ansprechen.
Diese Aspekte sowie die wesentlichen Handlungsstränge wurden in der Kurzfassung des Stückes in „Shakespeare without the boring bits" verarbeitet, wobei der Autor neben den notwendigen Kürzungen zwei Änderungen zum Original vorgenommen hat. So greift Romeo in dieser Version erst ins Kampfgeschehen ein, nachdem Tybalt Mercutio getötet hat, während er eigentlich zwischen den beiden steht und dadurch seinen Freund Mercutio behindert. Des Weiteren planen Romeo und Juliet hier bereits am nächsten und nicht am übernächsten Tag heimlich zu heiraten. Diese Änderungen sind zwar schade, aber in diesem Rahmen noch zu akzeptieren, da gerade die Audioversion ansonsten viele Vorteile in sich birgt. Dadurch, dass Juliets Amme die Geschichte erzählt, wird die Liebesaffäre aus Sicht einer daran nicht direkt beteiligten Person geschildert, die gleichzeitig jedoch über genügend Hintergrundinformationen verfügt, um über pikante Details zu berichten. Durch ihre Nähe zu Juliet fließt zudem eine emotionale Note mit ein, die insbesondere bei der aufgeworfenen Frage nach der persönlichen Verantwortung der „Nurse" am Schicksal der beiden Liebenden deutlich wird. Stilistisch passt der Text in seiner nicht immer strukturierten und zum Teil abschweifenden Art nicht nur zum eher humoristisch angelegten Charakter der Amme, sondern gleichzeitig auch sehr gut zu einer mündlichen Erzählung, weswegen sich die Verwendung der Audioversion anbietet. Der Akzent und der Stil der Erzählerin stellt für die Schüler zum Teil vermutlich eine Herausforderung dar, kommt aber andererseits der sprachlichen Realität näher als so manche konzipierte Hörverständnisübung. Mit knapp unter zwanzig Minuten ist die Länge zudem ideal.
Die Aufgaben auf dem Arbeitsblatt zielen auf Informationen zu den beiden Hauptcharakteren und die Kerninhalte der Geschichte ab, welche die Schüler somit erarbeiten müssen. Dabei erhalten sie die Antworten allerdings nicht immer in geballter Form und in chronologischer Reihenfolge, weswegen sie angehalten sind, die Aufgaben die ganze Zeit über im Auge zu behalten und sich Notizen zu machen, bevor sie die Antworten ausformulieren. Die CD kann selbstverständlich angehalten werden und besonders schwierige Passagen mehrmals gehört werden. Da sich die Schüler dabei auf eine Vorgehensweise einigen müssen, ist es wahrscheinlich, dass sie als Gruppe zusammenarbeiten. Danach steht es ihnen jedoch frei, ob sie allein oder mit den anderen Gruppenmitgliedern zusammen die Antworten ausformulieren wollen.

2.2 Zur Ergebnissicherung

Die dramatische Entwicklung der Liebesgeschichte vor dem Hintergrund der schwelenden Familienfehde betrifft letztendlich nicht nur die beiden Hauptpersonen, sondern auch ihr Umfeld. Deswegen eignet sich das Thema der „Star-Crossed Lovers“ hervorragend für eine Nachmittagstalkshow, deren Niveau abhängig sein wird von den Schülerbeiträgen. Durch die Rollenbeschreibungen und die Fragen des Publikums sollte jedoch gewährleistet sein, dass die zuvor erarbeiteten Inhalte hier in großer Runde thematisiert werden. Die Auswahl der Gäste beschränkt sich auf die Hauptcharaktere, damit die Diskussion nicht ausufert. Romeos Vater ist im Gegensatz zu Mr. Capulet nicht vertreten, da er im Bericht der Amme nicht erwähnt wird und der Vater der minderjährigen Juliet, die zudem eigentlich jemand anderen heiraten soll, vermutlich eine noch differenziertere Meinung zur Beziehung der beiden hat.
In der Show wird es eine Aufgabe der „Hosts“ sein zu verhindern, dass die Emotionen überkochen, während sie gleichzeitig die Diskussion am Leben halten müssen. Dabei werden sie zwar durch Publikumsbeiträge unterstützt, dennoch ist diese Rolle sicherlich die anspruchsvollste, weswegen es sich empfiehlt, sie doppelt zu besetzen. Bei sehr heterogenen Lerngruppen ist es auch eine Option, die Rollenverteilung nicht dem Zufall zu überlassen, sondern die leistungsstärksten Schüler als Talkmaster zu bestimmen.
Für eine zufällige Auswahl ist es am einfachsten, die Rollenkarten der fünf Gäste und der „Hosts“ zweimal zu kopieren und diese dann mit den „Audience-Karten“, die in einer Anzahl passend zur Kursgröße kopiert werden, zu mischen. Aus diesen Karten zieht dann jeder Schüler eine, wodurch die Klasse sich automatisch in Gruppen/Paare einteilt. Die Rollenbeschreibungen und die Assistenzfunktion der Partner dienen dazu, dass sich möglichst jeder Schüler an der Diskussion beteiligen muss, wobei die Talkmaster und die Gäste hierbei natürlich im Vordergrund stehen. Deshalb wäre es auch möglich, nicht nur einen Repräsentanten, sondern beide Partner auf die Bühne zu schicken, die dann gemeinsam als eine Person auftreten und sich so gegenseitig unterstützen können.
Durch die Übernahme der Rollen versetzen sich gerade die Gäste noch einmal tiefer in die Lage der Charaktere hinein und erhalten so einen persönlicheren Bezug zu der Tragödie. Aber auch das Publikum erlebt durch den vor ihm ausgetragenen Konflikt die Geschichte noch einmal aus einer besonderen Perspektive und hat außerdem die Möglichkeit, sich direkt mit den daran beteiligten Personen auseinanderzusetzen. Vor der Nachbesprechung sollte man den Schülern deshalb auch einen Moment geben, um sich aus ihren Rollen zu lösen und in die Realität zurückzukehren. Abschließend können die hitzigsten Diskussionspunkte noch einmal aufgegriffen werden und insbesondere die fünfte Aufgabe aus der Hörverständnisübung kann noch einmal aus Sicht der Schüler thematisiert werden, wodurch die Handlung des Stückes endgültig in den Köpfen verankert sein sollte.

Task

Listen to the excerpt from the audio-book "Shakespeare without the boring bits" by Humphrey Carpenter and fill out the worksheet on "Romeo and Juliet" below. Listen closely as the answers are not necessarily given chronologically.

1. Collect all the personal information you get about the characters Romeo and Juliet (age, appearance, personality ...).

2. Describe the development of the relationship between Romeo and Juliet.

© Schöningh Verlag, Best.-Nr. 041065

3. Sum up the difficulties of their affair.

4. Explain what goes wrong with the Friar's plan to prevent the wedding between Juliet and Paris.

5. Comment on the Nurse's initial suggestion that "it was just bad luck". Do you agree or do you think there is someone to blame for the way things turned out at the end?

Humphrey Carpenter, Shakespeare without the boring bits. Read by Carole Boyd, BBC Audiobooks 1998/2008, CD 1, track 2+3

© Schöningh Verlag, Best.-Nr. 041065

1. Collect all the personal information you get about the characters Romeo and Juliet (age, appearance, personality ...).

Romeo Montague: a fine good-looking boy, first in love with a girl called Rosaline, saucy, willing to take risks for love, hard to be stopped when in love, naughty

Juliet Capulet: almost fourteen years old, wooed by a nobleman called Paris, first her father does not want to rush her into marriage, a proper little beauty

2. Describe the development of the relationship between Romeo and Juliet.

A masked Romeo sneaks in on a fancy dress party at the Capulets' mansion when he hears Rosaline was there. He meets Juliet instead and both of them fall in love at first sight. After an animated conversation they find out each other's surnames but that does not change their feelings. Romeo is wandering about the Capulets' garden when he spots Juliet on her balcony. They arrange to get secretly married by the Friar the next day. After the ceremony they go different ways and only meet again at night when Romeo climbs Juliet's balcony and they spend their wedding night together. The next morning Romeo has to go to Mantua as he has been banned from Verona for the murder of Tybalt, and Juliet's parents now want her to marry Paris as soon as possible. At the end, thinking that his love was dead, Romeo poisons himself. When Juliet sees his dead body next to her she stabs herself with his dagger.

3. Sum up the difficulties of their affair.

- their families hate each other
- Romeo kills Tybalt, who is Juliet's cousin, and is therefore banished from Verona
- Juliet's parents tell her to marry Paris not knowing that she is already married

4. Explain what goes wrong with the Friar's plan to prevent the wedding between Juliet and Paris.

The Friar gives Juliet a strong sleeping draught that will make her heart stop beating so that everybody thinks she has died and therefore she does not have to marry Paris. He sends a letter to Romeo in which he tells him about his plan. However, the news of Juliet's death reach Romeo faster so when he hastens to Verona he is convinced that his love has really perished. Mad with grief he poisons himself next to his wife's body. Juliet wakes up when Romeo is already dead.

5. Comment on the Nurse's initial suggestion that "it was just bad luck". Do you agree or do you think there is someone to blame for the way things turned out at the end?

Different points of view are possible, though it can be granted that bad timing definitely plays a role in this tragedy. However, there are also a few people who have complicated the whole affair:

- The Montagues and Capulets with their relentless hatred (especially Tybalt)
- Romeo by killing Tybalt
- Juliet by not telling her parents about her secret marriage, though she was probably too scared of their reaction
- The Nurse for keeping the couple's secret and not supporting Juliet against her parents
- The Friar for similar reasons like the Nurse and for not making sure that Romeo hears about his plan early enough

Shakespeare without the boring bits – Transcript

"Some people have said it was all our fault, me and Friar Lawrence. They say grown-ups shouldn't meddle in the affairs of youngsters like my poor little Juliet and her Romeo. But me, I say it was just bad luck.

They'd both be alive today, poor dears, if their families hadn't been fighting, fighting all the time. There must have been some reason why the Capulets – that's Juliet's family, where I worked – and the Montagues began quarrelling in the first place. But nobody can remember what it was. They'd been squabbling for years and years. So when the Capulets gave a party at their big house in Verona, none of them would have dreamt of inviting a Montague. Oh dear, no!

But one of the Montagues invited himself – I'm talking about young Romeo. A fine good-looking lad he was, and in those days he fancied a girl called Rosaline. He knew she'd be at the party, and it was a fancy dress affair, so he put on a mask and slipped in uninvited. The saucy boy!

He was spotted, though, by Lady Capulet's nephew, a fiery young fellow called Tybalt, who was always picking fights with the Montagues in the market-place. He recognized Romeo beneath the mask. And off he trotted to tell his uncle Lord Capulet that one of the enemy had gatecrashed! But my lord – I call him that because he was my employer, you see, dear – my lord had had a few drinks, and was feeling merry, and told Tybalt it didn't matter. And then what should happen but Romeo went and caught sight of my little Juliet, and fell in love with her on the spot.

I say 'little', but she was quite grown up really. Just a few days short of her fourteenth birthday.

And there's many a girl in Verona was married by the time she was fourteen. But my lord, her father, didn't want her to rush into marriage. There was a decent young nobleman called Paris, who'd taken a proper fancy to little Juliet. But my lord Capulet told him he'd have to wait a couple of years before marrying her. No one asked Juliet what she thought about it. It was always the father that decided who put the wedding ring on their daughter's finger. Which is why Friar Lawrence was really being very naughty when he ... but I'm jumping ahead, dear.

Where was I? People say I chatter a lot, but I've not been the same since my poor Juliet passed away. And that was a few years ago now ... Oh yes, the party. Well. Romeo fell for her in an instant, and no surprise, because she was a proper little beauty. And she lost her heart to him too, there in the middle of the party. They were chattering away in a corner as if there was nobody else in the world. It was only later that he discovered she was a Capulet, and she found she'd fallen for a Montague. Head over heels in love with the enemy! Oh dear, oh dear.

After the party was over, I got Juliet ready for bed (she liked me to tuck her up, and say her prayers with her). She didn't tell me what had happened, but I sensed something was up. She went out on to her balcony for a breath of fresh air, and I heard her muttering, 'Romeo, Romeo, why are you called Romeo, why are you a Montague? How I wish you had another surname!'

And then I heard another voice, and, of course, I peeped through the curtain to see what was going on – well, wouldn't you? And can you believe it, Romeo had been wandering about in the orchard down below, trying to guess which was Juliet's window. And suddenly he'd spotted her on the balcony. And do you know, in a trice they were whispering sweet nothings to each other, without a care for anyone else.

Of course, I should have stopped it at once. But I pretended I wasn't seeing or hearing anything. Well, you're only young once, I thought, and I shut my eyes and stopped my ears, or at least I didn't listen too closely to all their lovey-dovey stuff. I gave them about five minutes

© Schöningh Verlag, Best.-Nr. 041065

before I called Juliet to come to bed. And do you know, in that time the two of them had decided to get married – the very next day! Nothing about asking Juliet's father's permission, oh, no. They were going to do it in secret.

Well, there was no stopping Romeo now he'd found the girl of his dreams. While I was tucking little Juliet up in bed, and pretending I knew nothing about what was going on, he was racing along a path that led from Verona out into the country. Running like a wild thing to where good old Friar Lawrence lived in his hermit's hut. I say 'good', though there's some who argue that a man of God shouldn't meddle with magic herbs and drugs, the way the Friar did. But it takes all sorts, I always say.

Anyway, the sun was rising when young Romeo puffs and pants up the path. He finds the Friar picking his herbs, and Romeo tells him what's going on, and asks him to marry him to Juliet. Now, the old Friar, he thinks Romeo is really just a young hothead, because a few days earlier he'd been going potty about Rosaline. But it comes to the Friar's mind that if a Montague married a Capulet, it might make peace between the two families. At least that's what he said to Romeo, though if you ask me that was a pretty daft notion. He might have guessed it would only make things worse.

Meanwhile, back at our place, Juliet wakes, and sends me on an errand. Me, of all people, as if I was just any old messenger, and not a second mother to her. Her real mother, if you ask me, because I'd done everything for her since the hour she was born. Yes, she sends me puffing and panting out into the countryside, on a blazing hot day too. Can you believe it?

What's that? What was the errand about? Didn't I tell you? Oh, she wanted to see what naughty young Romeo had fixed up with the old Friar. And when I got back, phew, was I out of breath? And would she let me get my second wind, or have a nice cool drink? Not she! She wanted to know what I'd discovered, and she was too impatient to wait even a minute. What's that? What had I discovered? Why, you're just as impatient as she was, the poor little dear.

Well, what I told her was this: she was to slip off to Friar Lawrence's, as if she was going to church in the ordinary way. And when she got there, Romeo would be waiting, and the Friar would marry them.

And that's what happened. And did either of them invite me to their pretty little wedding? Not them, the naughty children. And as soon as they were married, they went their separate ways, but they arranged that Romeo would come and spend the night with Juliet in secret, at her house, climbing over the wall and up the balcony. And no one even told me, as if I had nothing to do with it!

Where was I? Oh yes. That's when the trouble really began. As I say, it was a hot day, a real scorcher, like we often had in Verona. And a noisy young friend of Romeo's, a really silly chatterbox called Mercutio, a harmless boy really, but a bit of a tease, he was fooling around in the town square. And what does he do but go and be cheeky to Tybalt, who was Lady Capulet's nephew (did I tell you that before?). And in the blink of an eye they'd drawn their swords, and Tybalt had stuck his blade right through poor young Mercutio. And by bad chance, at this moment up rolls Romeo, still starry-eyed from marrying his dream girl. He sees his best friend dead on the ground. Well, you can guess what happens next, can't you? That's right. Romeo's sword is sticking into Tybalt. So he's also dead, the poor young creature. Oh, it was terrible.

Now, the prince who ruled Verona was doing his best to stop the brawls between the Montagues and the Capulets, and in no time at all the officers of the law had rolled up. And quite right too. But it wasn't poor Romeo's fault, the quarrel. So it didn't seem right to banish him from Verona, to send him away and say he'd be killed if he was found there again. But I'm afraid that's what they did.

My poor darling Juliet was in despair when she heard, of course. It was bad enough that her darling husband – not that anyone knew he was her husband; you understand that, don't you?

© Schöningh Verlag, Best.-Nr. 041065

Where was I? Oh yes, it was bad enough that he'd killed her cousin Tybalt. But that they were sending him away, to another city, it was enough to make her sob her heart out.
I told you, didn't I, that Romeo and Juliet had planned to spend the night together? And who was I to stop them, knowing they were married in the sight of God. That's what I told myself. And, sure enough, Romeo comes to Juliet's room that night. Of course, I kept out of the way. But I couldn't help overhearing, when the sun came up and the lark began to sing, Juliet trying to persuade Romeo that it was still night-time, and the bird was the nightingale. Because, of course, she didn't want him to go.
But he slipped off, and hurried away to Mantua, which was the city they'd banished him to. And then what should happen, blow me down, but Juliet's mother, her real one, I mean, Lady Capulet, she breezes in and says that she and my lord have decided that Juliet will marry Paris right away.
My goodness, I was in a real sweat, wondering what we could do about that! And it was clever old Friar Lawrence who came up with the answer. At least, it would have been clever if they hadn't had bad luck ... I'm sorry, I'm trying not to cry, dear, but you must forgive me if I have a bit of a snivel for a moment. Pass me that handkerchief ...
Oh dear, it really is too dreadful, I can hardly bear to tell the rest of the story. But what's been begun must be finished, I suppose. Where was I, dear? Oh yes, Friar Lawrence's plan. He'd made up this drug which, if you swallowed it, laid you out flat for a couple of days, so your heart stopped beating and everything, and folks thought you were dead. His idea was that Juliet should drink it, and, of course, her family would think the worst and, in no time at all, instead of marrying her to Paris, they'd be burying her. Except that the Capulets were too grand to be buried in the usual fashion. They always laid their dead ones out on slabs in an underground vault in the family chapel. So the Friar's idea was that Juliet would lie there on a slab, looking to all the world as if she was dead. And he'd send a message to Romeo, to tell him what was going on, and Romeo could slip back to Verona and rescue her.
Wasn't that clever? And it all worked out just as Friar Lawrence had said it would. Well, nearly.
Everyone screamed their heads off when they found Juliet looking like a dead body. And so did I, dear, because no one had troubled to tell me she wasn't dead. Oh, I've never seen such tears and heard such weeping. And in a few hours, she was laid in the family vault. All Verona was talking about it, of course. That was the trouble. Because the news that Juliet was dead had got to Mantua and the ears of Romeo before Friar Lawrence's message that she wasn't dead had reached him. And the poor boy was nearly struck dead by the news himself. In no time at all, Romeo was back in Verona, still not knowing the truth, and he slipped into the chapel and down into the vault. And there was his beloved little wife, all cold to the touch on a stone slab. So what does he do but down a bottle of poison. Real poison. And dies. Really dies, I mean. And then ... I'm sorry, but you're going to have to pass me that handkerchief again ... Oh dear. Well, you can guess what happens now, can't you? It's at this moment that my darling Juliet wakes up. And she sees him, her lovely Romeo, lying dead. And so she ... There was a knife, you see, a dagger, in Romeo's belt, and she used that to ...
I'm sorry, yes, I'm better now, thank you. It's just that I'll never forget my poor little baby lying there, covered with blood, next to her dead Romeo. Everyone was so shocked by it all that the Montagues and the Capulets stopped quarrelling from that day. So everyone says it turned out for the best. But all I can think of is my poor little girl ... Oh dear, I don't usually go to pieces like this. Put the kettle on, dear, and we'll try to think of something else to talk about before you go."

Humphrey Carpenter, Shakespeare without the boring bits, Penguin Books, London 1994, p. 12–22
© Humphrey Carpenter 1994

Rollenkarten für die Talkshow

1. Group Romeo

Discuss the information you have gathered about Romeo (task 1–3) in your group. Choose one representative who will impersonate Romeo in a talkshow with the topic "Star-Crossed Lovers". "Romeo" will have to introduce himself and has to be prepared to answer questions about his love life.

2. Group Juliet

Discuss the information you have gathered about Juliet (task 1–3) in your group. Choose one representative who will impersonate Juliet in a talkshow with the topic "Star-Crossed Lovers". "Juliet" will have to introduce herself and has to be prepared to answer questions about her love life.

3. Group Nurse

Collect all the information the Nurse has given you about herself and her involvement in the story of "Romeo and Juliet" (task 4 and 5). Choose one representative who will impersonate the Nurse in a talkshow with the topic "Star-Crossed Lovers". "The Nurse" will have to introduce herself and has to be prepared to answer questions.

4. Group Friar

Collect all the information the Nurse has given you about the Friar and his involvement in the story of "Romeo and Juliet" (task 4 and 5). Choose one representative who will impersonate the Friar in a talkshow with the topic "Star-Crossed Lovers". "The Friar" will have to introduce himself and has to be prepared to answer questions.

© Schöningh Verlag, Best.-Nr. 041065

5. Group Mr. Capulet
Imagine you were Juliet's father. Discuss how he might feel about his daughter and her relationship with Romeo. Take into account his opinion about Montagues in general. Choose one representative who will impersonate Mr. Capulet in a talkshow with the topic "Star-Crossed Lovers". "Juliet's father" will have to introduce himself and has to be prepared to answer questions.

6. Group Hosts
You are the hosts of a talkshow with the topic "Star-Crossed Lovers". Your job will be to introduce the topic, to welcome the guests on stage, to make sure the discussion stays civilized, to ask questions to keep the discussion going and to include the audience's questions.

7. Group Audience 1
You will be visiting a talkshow with the topic "Star-Crossed Lovers" in which Romeo, Juliet, the Nurse, the Friar and Mr. Capulet are going to appear. Prepare at least two questions for each of the guests based on task 1–3. Each of you will have to ask one question.

8. Group Audience 2
You will be visiting a talkshow with the topic "Star-Crossed Lovers" in which Romeo, Juliet, the Nurse, the Friar and Mr. Capulet are going to appear. Prepare at least two questions for each of the guests based on task 4 and 5. Each of you will have to ask one question.

© Schöningh Verlag, Best.-Nr. 041065

Station *The Taming of the Shrew*

Methode	Textarbeit und Schreiben eines Kommentars
Arbeitsform	Einzelarbeit
Kompetenzen	Reading + Writing
Dauer der Arbeitsphase	30 – 45 Minuten
Materialien	Kopiertes Arbeitsblatt, Wörterbücher (eventuell: Arbeitsblatt mit einer Liste von Konnektoren und Struktur eines Kommentars)
Form der Ergebnissicherung	Letter to an Agony Aunt
Dauer der Ergebnissicherung	45 Minuten
Organisatorische Hinweise	Besteht der Kurs aus einer ungeraden Anzahl von Schülern, sollte bei der Ergebnissicherung eine Dreiergruppe gebildet werden, die sich reihum Briefe schickt, sodass jeder Schüler am Ende ein ihm fremdes Schreiben vor sich liegen hat.

1. Arbeitsphase und Ergebnissicherung

1.1 Aufgabenstellung in der Arbeitsphase (vgl. Kopiervorlage)

Die Schüler finden auf dem Arbeitsblatt einen „zeitgenössischen" Zeitungsartikel mit einer Kritik zu Shakespeares „The Taming of the Shrew" und zwei dazugehörige Arbeitsaufträge vor. In der ersten Aufgabe sammeln sie alle Informationen, die der Text über die weibliche Hauptperson Katherina Minola verrät. In einem zweiten Schritt arbeiten die Schüler die Kritikpunkte bezüglich des Stückes aus dem Kommentar heraus und nehmen dazu und zur Kernaussage, Shakespeares Stück sei ein Verbrechen gegen Frauen, Stellung.

1.2 Ergebnissicherung

- Letter to an Agony Aunt (Uncle)

Die Schüler erhalten den Auftrag, aus Sicht von Katherina am Tag nach ihrer Hochzeit einen Brief an einen Kummerkasten zu schreiben. Dabei werden jeweils zwei Schüler einander zugeteilt. Am einfachsten erhält man Paare, die sonst nicht unbedingt zusammenarbeiten, indem der Kurs in der Mitte geteilt wird und beide Hälften durchgezählt werden. Die Schüler mit den selben Nummern schreiben sich nun gegenseitig Briefe beginnend mit „Dear Auntie .../Dear Uncle ...".

> Imagine you were Katherina on the day after her wedding. Write a letter to "your" Agony Aunt/Uncle in which you tell her/him about your problems and ask for advice.

- Answering letter from the Agony Aunt (Uncle)

Die Briefe werden zugestellt. Die Aufgabe besteht nun darin, zunächst die im Brief erwähnten Probleme zu unterstreichen und Katherina dann in einem Antwortschreiben zu helfen. Dabei sollten sich die Ratgeber auf so viele Probleme wie möglich beziehen.

Mark the problems mentioned in the letter. Answer Katherina and refer to as many problems as possible. Remember your job is to help troubled souls, so give her some good advice and try to cheer her up.

▪ Austausch

Die Schüler erhalten Post von ihrer/m Kummerkastentante/onkel. Sie überprüfen nun, inwieweit „ihre“ Probleme bearbeitet wurden und ob die erteilten Ratschläge helfen. Dabei sollten sie auch auf den Stil des Antwortschreibens eingehen und überlegen, ob dieses einfühlend genug formuliert wurde.

Read the letter from your Agony Aunt/Uncle and check which of "your" problems could be solved and which could not. Also have a look at the style of the letter and decide whether it is sensitive enough.

▪ Besprechung

Die Schüler äußern sich in einem ersten Schritt dazu, inwieweit die Briefe eine angemessene Hilfe gewesen sind. Dabei sollten die Probleme Katherinas an der Tafel gesammelt werden. Die Schüler haben dann die Möglichkeit, weitere oder andere Ratschläge bezüglich bestimmter Probleme in den Raum zu stellen, bevor abschließend eine grundsätzliche Lösung von Katherinas Situation erörtert wird. Dabei sollten die Informationen, welche die Schüler in der Arbeitsphase zur weiblichen Hauptperson gesammelt haben, und die Umstände der Zeit, in der das Stück geschrieben wurde, mitbedacht werden.
Dies leitet dann direkt zur Aufgabenstellung 2 aus der Arbeitsphase über, nämlich der Frage, ob es sich bei „The Taming of the Shrew“ tatsächlich um ein frauenfeindliches Stück handelt. Die Schüler sollten in dieser abschließenden Diskussion auf die Argumentation im Ausgangstext, aber auch auf ihre eigenen Ideen eingehen.

2. Didaktische und methodische Überlegungen

2.1 Zur Station

„The Taming of the Shrew“ ist eine noch heute viel gespielte Komödie William Shakespeares, die unter anderem auch als Vorlage für die Teenagerkomödie „10 Things I Hate about You“ diente. Dies erscheint aufgrund des sehr konservativen und überholten Frauenbildes, welches in dem Stück gezeichnet wird, überraschend. Gerade diese aus heutiger Sicht sehr fragwürdige Darstellung bietet jedoch andererseits viel Stoff für lebhafte Diskussionen im Unterricht.
Kritik an dem zweifelhaften Umgang mit der weiblichen Protagonistin ist auch der wesentliche Inhalt des als zeitgenössischer Zeitungsartikel gestalteten Kapitels zu der Komödie in Terry Dreary's „Top Ten Shakespeare Stories“. Dieser Text eignet sich nicht nur aufgrund seiner Länge und des humoristischen Untertons gut für diesen Lernzirkel, er fasst außerdem in seiner Tirade gegen das Stück den Inhalt des solchen knapp und verständlich zusammen. Durch die erste Aufgabe lernen die Schüler dabei die weibliche Hauptperson Katherina näher kennen und erfahren dadurch gleichzeitig wie es ihr in dem Stück ergeht, wodurch die Handlung im Wesentlichen erfasst wird. Der erste Teil der zweiten Aufgabe, in dem die Kritikpunkte aus dem Artikel herausgearbeitet werden müssen, dient der Vorbereitung des zweiten Teils, nämlich der begründeten Stellungnahme der Schüler zu der Frage, ob es sich bei „The Taming of the Shrew“ tatsächlich um ein frauenfeindliches Stück handelt.
Durch diese Aufgaben wird nicht nur das Textverständnis und die Lesekompetenz der Schüler geschult, sie üben zudem auch, begründet Stellung zu einer Aussage zu beziehen, was eine Kernkompetenz des im Abitur relevanten Anforderungsbereiches III ist. Bei Bedarf kann hier als zusätzliche Hilfestellung eine Liste von Konnektoren und der beispielhafte Aufbau eines Kommentars in Kopie zur Verfügung gestellt werden.

2.2 Zur Ergebnissicherung

Da der Vergleich der Arbeitsresultate des Lernzirkels im Wesentlichen sehr viele mündliche Besprechungen erfordert, kann diese Form der Ergebnissicherung als Unterbrechung genutzt werden, in der auch mal wieder die Schreibkompetenz der Schüler geübt wird. Durch das Schreiben des Briefes aus Sicht von Katherina wiederholen sie wesentliche Aspekte der ersten Aufgabe der Arbeitsphase und müssen sich außerdem in die Lage der „Widerspenstigen" hineinversetzen, was ihnen ein tieferes Erfassen des Inhalts ermöglicht und sie auch für die Besprechung der zweiten Aufgabe sensibilisieren könnte. Den Schülern dabei einen Partner zuzuteilen bietet den Vorteil, dass sie damit einen direkten und nicht nur einen rein fiktiven Ansprechpartner haben, dem sie schreiben. Des Weiteren sind somit alle Schüler gezwungen einen eigenen Brief zu schreiben. Dadurch, dass sie im zweiten Schritt den Brief des Partners lesen und ihn beantworten müssen, erhält jeder Text zudem eine Wertschätzung, da nicht nur einzelne vorgestellt werden, sondern jeder einzelne Grundlage der weiteren Verarbeitung ist. Bei der Beantwortung müssen die Schüler die Geschichte noch einmal aus einer anderen Perspektive betrachten, indem sie überlegen, welchen Ausweg es für Katherina gegeben hätte. Dabei können auch schon Überlegungen mit einfließen, die eigentlich erst in der zweiten Aufgabe der Arbeitsphase eine Rolle gespielt haben. Das Antwortschreiben werden die Schüler vermutlich mit einiger Spannung erwarten, da dieses schließlich direkt auf ihren eigenen Brief Bezug nimmt. Es ist dann auch an ihnen zu überprüfen, ob „ihrer" Katherina geholfen wurde oder nicht, wobei erneut wesentliche Punkte des Inhalts wiederholt werden und gleichzeitig stilistische Aspekte beachtet werden müssen.
In der abschließenden Besprechung sollten die Probleme Katherinas der Übersichtlichkeit halber an der Tafel gesammelt werden. So bietet sich die Möglichkeit, verschiedene Ratschläge zu sammeln und zu überprüfen und gegebenenfalls auf bestimmte Aspekte zurückzukommen. Die Situation der Protagonistin in allen Einzelheiten vor sich zu sehen, erleichtert auch den Übergang zum zweiten Teil der Besprechung. Die Schüler können nun erneut auf einzelne Aspekte der Handlung zurückgreifen, um ihre jeweilige Meinung zu untermauern. Bei der Diskussion müssen die Umstände der Zeit, in der das Stück entstanden ist, mitbedacht werden und können zum Teil vielleicht auch als Erklärung herangezogen werden. Interessant wäre zum Abschluss die Überlegung, was man an dem Stück ändern sollte, um es unserer Zeit anzupassen. Wenn es die Unterrichtszeit erlaubt, böte sich an dieser Stelle auch der eingangs bereits erwähnte und bei Schülern sehr beliebte Film „10 Things I Hate about You" als mögliche Variante an.

Tasks

1. Read the "contemporary" review of Shakespeare's play "The Taming of the Shrew" and work out the facts you get to know about the main female character Katherina Minola.
2. Comment on the reviewer's points of criticism of the play. Do you agree or disagree that this play is a crime against women?

Shrew shocker

September 13th, 1593

Mr Shakespeare's latest play opened at the Theater playhouse last night. The men in the audience cheered as they saw brave Katherina Minola's spirit broken by the evil Petruchio. Women watched in horrified silence.

The play, set in Italy, opens with a drunken tinker called Sly being found by a group of noblemen. As a joke they tell Sly that he is a wealthy man who has been asleep for fifteen years. The noblemen say that they will show him a play that will cure his madness. The play is *The Taming of the Shrew*.

tinker person who travels from place to place, repairing pans

shrew unpleasant woman who argues a lot

The unfortunate "shrew" is Katherina Minola, a young woman who has had to watch as her younger sister, Bianca, has been spoiled for years by their weak father. Now the father won't let Bianca marry until Katherina is married off first. The problem is that Katherina is very sharp-tongued und argumentative. She bullies her own sister und will have none of the husbands her father suggests. No one will marry her, even though her father offers a large sum of money. No one, that is, until the half crazy Petruchio appears. He decides to take the money and tame the shrewish Katherina, whether she likes the idea or not.

What can Katherina do? If she refuses to marry Petruchio, then Bianca will lose the young man she wants to marry. Bravely Katherina sacrifices her own happiness to make her spoiled sister happy. She agrees to marry the arrogant, boastful Petruchio. It is a dreadful mistake on her part.

Petruchio not only forces Katherina into marriage but disgraces himself at the wedding, arriving on a broken-down old horse, dressed in badly-fitting clothes. He swears at the priest, throws wine over the poor man and then kisses Katherina so hard the echo of the kiss rings around the church.

Katherina is by now confused and afraid. She is also very hungry but Petruchio insists on leaving for their new home before the wedding feast. He sends her to bed with no food when they arrive at the house. His excuse is that it is badly cooked – and cruelly makes her thank him, the next day, for the food she didn't eat! Then he sends away her

© Schöningh Verlag, Best.-Nr. 041065

fine new clothes because, he says, they are not good enough for her.

The poor woman says he is trying to make her a puppet; in fact it is worse. He is training her like a falcon, a wild bird that is captured and starved until it comes to hand when its master orders it.

The starved and defeated woman is finally made to look like a complete fool. To please Petruchio and to survive she will say anything. She swears that the sun is the moon just to make him happy. She even agrees that an old man is a young girl.

When they return to her father's house Katherina now tells her sister, Bianca, that a good wife is one who obeys her husband. Her speech at the end of the play is quite outrageous! She tells Bianca that her husband is "thy lord, thy life, thy keeper" who deserves "love and true obedience".

Nonsense, Mr. Shakespeare. That is the sort of thing that only the men in the audience want to hear and want to believe. Would you dare tell our Queen Elizabeth this sort of nonsense?

Women have rights too, Mr. Shakespeare, and your play is a crime against them. And what is more, Mr. Shakespeare, it is not even funny.

Terry Deary, Top Ten Shakespeare Stories, Scholastic, New York 1998, pp. 146 – 149

Text copyright © Terry Deary, 1998. Reproduced by permission of Scholastic Ltd. All rights reserved.

puppet toy that looks like a person and can be moved with strings

obedience when people do what they are told

© Schöningh Verlag, Best.-Nr. 041065

1. Read the "contemporary" review of Shakespeare's play "The Taming of the Shrew" and work out the facts you get to know about the main female character Katherina Minola

Katherina Minola ...
- is brave
- her spirit is broken
- is the shrew mentioned in the title of the play
- is a young woman
- has a sister called Bianca who has been spoiled by their weak father
- is very sharp-tongued and argumentative
- bullies her sister
- will not marry any of the men her father suggests
- has a father who offers money to men who agree to marry her but no one dares to until Petruchio appears
- agrees to marry Petruchio so that her sister, who is not allowed to marry until her older sister is wed, can marry the man she loves
- sacrifices her own happiness for her sister
- makes a big mistake by marrying arrogant Petruchio
- has a terrible wedding ceremony as her groom misbehaves badly
- is afraid and confused after the wedding
- is sent to bed without food by her husband who also humiliates her the next day
- loses all her good clothes as Petruchio sends them away
- is afraid her husband is turning her into a puppet
- is made to look like a complete fool
- says anything her husband wants her to so that she can survive
- tells her sister that a good wife obeys her husband

2. Comment on the reviewer's points of criticism of the play. Do you agree or disagree that this play is a crime against women?

Points of criticism:
- Women watched the play in horrified silence.
- In the play the spirit of brave Katherina Minola is broken when Petruchio trains her into obedience as he would do with a falcon.
- Katherina's speech at the end of the play is outrageous and only pleases the men in the audience.
- Shakespeare would not dare to tell Queen Elizabeth (I) this nonsense. (She is an example to prove the opposite of Shakespeare's proclaimed role of women.)
- Women have rights, too, a fact that seems to have been neglected in the play.
- The play is a crime against women.
- It is not even funny.

Station *The Merchant of Venice*

Methode	Filmarbeit
Arbeitsform	Gruppen- oder Einzelarbeit
Kompetenzen	Listening + Writing
Dauer der Arbeitsphase	30–45 Minuten
Materialien	DVD „The Merchant of Venice“, DVD Player, kopiertes Arbeitsblatt
Form der Ergebnissicherung	Court Case
Dauer der Ergebnissicherung	45 Minuten
Organisatorische Hinweise	Damit nicht der ganze Raum konstant beschallt wird, sollte diese Station in einen Vor- oder Nebenraum ausgelagert werden. Da die Dialoge im Film in Elizabethan English geführt werden, ist es ratsam, den Schülern zur Unterstützung englische Untertitel einzuspielen.

1. Arbeitsphase und Ergebnissicherung

1.1 Aufgabenstellung in der Arbeitsphase (vgl. Kopiervorlage)

Die Schüler erhalten ein Arbeitsblatt mit Screenshots der Hauptcharaktere aus der ausgewählten Filmszene. Ihre Aufgabe ist es, die Namen der abgebildeten Personen sowie ihre Argumentation und abschließend das Urteil des Richters herauszuarbeiten.

1.2 Ergebnissicherung

- Bildung neuer Gruppen

Der Kurs wird in fünf neue Gruppen aufgeteilt, welche die unten stehende Aufgabe zu je einem Charakter bzw. dem Urteil des Richters bearbeiten.

> Compare the results concerning your character in your group and prepare to present his argumentation in your own words in court.

- Court Case

Die Schüler sollten sich zur Präsentation so hinsetzen, dass die Shylockgruppe auf einer Seite, die weiteren Charaktere auf der anderen Seite und die Richtergruppe in der Mitte Platz nehmen. Dann erhalten sie nacheinander das Wort und tragen ihre Argumentation vor. Beginnen sollte Antonio, gefolgt von Bassanio, dann Shylock, Portia und am Ende der Richter.

- Besprechung

Die wesentlichen Punkte der Argumentation der Charaktere werden gesammelt, wobei nach Möglichkeit nicht die Experten ihre eigenen Punkte erneut vortragen, sondern die anderen Schüler zeigen sollen, wieviel sie während der Verhandlung verstanden oder aus der Arbeitsphase behalten haben.

- Diskussion

Abschließend können einzelne Rollen genauer analysiert werden. Insbesondere die nähere Betrachtung Shylocks im Zusammenhang mit dem Urteil kann dazu dienen, provokante Fragen zur Diskussion zu stellen, wie zum Beispiel: „Was Shakespeare an antisemite?“

2. Didaktische und methodische Überlegungen

2.1 Zur Station

„The Merchant of Venice“ wird gemeinhin zu den Komödien gezählt, obwohl die Handlung auch einer gewissen Tragik nicht entbehrt. Diese betrifft vor allem den Juden Shylock, dessen von Vorurteilen geprägte Darstellung aus heutiger Sicht vielfältige Ansätze zur Diskussion bietet. Deswegen und um die Schüler nicht mit zu vielen Details zu verwirren, konzentriert sich diese Station auf den wesentlichen Handlungsstrang des schicksalhaften Vertrages zwischen Shylock und Antonio und vernachlässigt die Liebesgeschichte zwischen Portia und Bassanio. Um den Kern des Stückes inhaltlich zu erfassen, bietet sich die Gerichtsverhandlung zu Beginn des vierten Aktes an, da in dieser sowohl die Argumentation Shylocks, Antonios und seiner Vertrauten als auch die Hintergründe für den makaberen Kreditvertrag dargestellt werden, bevor Portia einen Ausweg aufzeigt und der Richter sein Urteil fällt.
Diese Szene ist in leicht gekürzter Fassung auch in der 2005 erschienenen Verfilmung des Werkes zu sehen. Hierbei wird der Konflikt zwischen den beiden Hauptcharakteren durch Al Pacino und Jeremy Irons sehr anschaulich dargestellt, was den Schülern das Verständnis der Geschichte erleichtern sollte und sie zudem vermutlich mehr ansprechen wird als eine reine Textversion. Mit knapp zwanzig Minuten hat der Filmausschnitt dazu die ideale Länge. Dadurch, dass die Dialoge in leicht gekürzter Version dem Original entlehnt sind, kommen die Schüler an dieser Station nicht nur mit dem Inhalt, sondern auch mit der Sprache des Shakespearestückes in Kontakt. Da dies für die meisten von ihnen eine neue Erfahrung sein wird, ist es ratsam, englische Untertitel einzublenden, auch wenn dadurch aus der Listening bzw. Viewing Comprehension ein Stück weit eine Reading Comprehension werden könnte.
Für einen leichteren Einstieg in den Inhalt der Szene ist unter der Aufgabenstellung eine Informationsbox abgedruckt, in welcher knapp der Hintergrund des Vertrages und seine besondere Klausel zusammengefasst werden. Um den Schülern die Unterscheidung zwischen den einzelnen Parteien zu erleichtern, finden sie auf dem Arbeitsblatt Bilder der Hauptcharaktere vor, die sie in einem ersten einfachen Schritt zunächst einmal benennen sollen, ehe sie die Argumentation der Personen herausarbeiten. Durch diese eigentliche Hauptaufgabe erfassen die Schüler unweigerlich den Kern der Geschichte, da neben den persönlichen Befindlichkeiten der Beteiligten auch die ungewöhnlichen Klauseln des Kreditvertrages mit in die Verhandlung einfließen. Ob die Schüler das Arbeitsblatt gemeinsam oder allein ausfüllen, ist ihnen überlassen, den Filmausschnitt müssen sie aus rein technischen Gründen selbstverständlich in der Gruppe ansehen.

2.2 Zur Ergebnissicherung

Um Zeit zu sparen, können Punkt eins und zwei der Ergebnissicherung auch übersprungen werden und die Resultate der Schüler sofort vorgestellt werden. Der Idee, dieses jedoch im Rahmen einer nachgestellten Verhandlung zu tun, liegen mehrere Überlegungen zugrunde. Zum einen gibt der vorherige Austausch der Ergebnisse in den Gruppen den Schülern die Möglichkeit ihre Antworten zu überprüfen, bevor sie diese in den Raum stellen. Dies könnte gerade leistungsschwächeren Schülern helfen, sich an der späteren Besprechung zu beteiligen. Um einen wirklichen Austausch zu ermöglichen, sollte bei der Gruppenzusammenstellung darauf geachtet werden, dass nach Möglichkeit völlig neue Teams gebildet werden, das heißt, dass niemand mit einem Mitglied seiner ehemaligen Gruppe, sondern mit völlig neuen Partnern zusammenarbeitet. Durch das Nachspielen der Verhandlung erhält der Austausch der Ergebnisse zudem eine unterhaltsame Note und die Schüler können sich durch die

Übernahme einer bestimmten Position ein Stück weit in die Charaktere hineinversetzen und die Geschichte somit noch besser verinnerlichen.
In der Besprechung sollten die Argumentationspunkte der Charaktere von den Schülern zusammengefasst werden, die in der Verhandlung eine andere Rolle gespielt haben. Damit kann zum einen überprüft werden, inwieweit sie sich gegenseitig zugehört haben, und zum anderen beschäftigen sie sich dadurch auch mit den anderen Sichtweisen auf den Konflikt.
Im Anschluss an die Sicherung der Arbeitsergebnisse sollten die einzelnen Charaktere noch einmal genauer analysiert werden. Hierbei kann auch auf die zuvor nicht thematisierte Liebesgeschichte eingegangen werden. Einige Charaktere bieten zudem Anlass für Diskussionen, wie der Auftritt Portias vor Gericht, der die Frage nach der Stellung der Frau im Elizabethan Age allgemein und in Shakespeares Stücken im Speziellen aufwirft (vgl. auch Klausurvorschlag). Die genauere Betrachtung des Juden Shylock ermöglicht vielfältige Fragestellungen, besprochen werden sollte jedoch auf jeden Fall der Antisemitismus in dem Stück, der auch durch das Urteil des Richters verdeutlicht wird, welches dem „bösen Juden" als einzigen Ausweg den Übertritt zum Christentum als Rettung gewährt. An dieser Stelle sollte darauf verwiesen werden, dass Shakespeare selbst Zeit seines Lebens vermutlich keinen Kontakt zu Juden hatte, da diese seit dem Edikt Edwards I 1290 aus England verbannt waren, bevor ihnen Oliver Cromwell 1655 eine Rückkehr gestattete. Inwieweit dies für die Darstellung Shylocks eine Rolle gespielt haben könnte, ist sicherlich ein lohnendes Diskussionsthema.

Task

Watch the excerpt from the film "The Merchant of Venice" (chapter 17, 1:20–1:45 min.) and fill out the worksheet below. In this scene you will learn about the legal dispute between the merchant Antonio and Shylock the Jew, which is the essence of Shakespeare's play. For a better understanding you are welcome to use English subtitles if necessary.

The case: Antonio has borrowed 3000 ducats from Shylock because his friend Bassanio asked him for financial help. The only condition of the bond is that if the merchant is unable to return the loan at the specified date the Jew is allowed to take one pound of his flesh. Due to ill fate Antonio cannot pay in time ...

Name:

Argumentation:

Name:

Argumentation:

© Schöningh Verlag, Best.-Nr. 041065

Name:

Argumentation:

Name:

Argumentation:

Judge's verdict:

© Schöningh Verlag, Best.-Nr. 041065

Name: Shylock

Argumentation:
- If he does not get what is due to him according to the bond it will cast a bad light on the city of Venice.
- He hates Antonio and will therefore not be merciful.
- He fears no judgement as he has done nothing wrong.
- The pound of flesh he demands is his by right and if it is denied to him the law is broken.
- He has sworn an oath and does not want to risk his soul by breaking it and taking the money instead of the penalty.
- He has not brought a surgeon to stop Antonio's bleeding as it is not written in the bond.
- If they take the means by which he lives they kill him.

Name: Balthazar (Portia)

Argumentation:
- Mercy is the greatest attribute of men.
- Even though the law is on Shylock's side, if he proceeds none shall see salvation.
- The bond cannot be altered belatedly as that would create a dangerous precedent.
- Due to the bond Shylock is entitled to cut off a pound of Antonio's flesh nearest the heart.
- Shylock should be merciful and take thrice the money offered to him.
- It would be good of Shylock to arrange for a surgeon to attend.
- The bond does not grant Shylock any of Antonio's blood, so if he spills any his lands and goods will be confiscated.
- As Shylock has insisted on having justice and not the money he shall only have the penalty.
- If Shylock takes more or less than exactly one pound or spills any blood he will die.
- As Shylock has tried to kill Antonio the law grants the merchant to seize half of the Jew's goods while the other half falls to the state.

Name: Antonio

Argumentation:
- You cannot reason with a Jew as nothing is harder than a Jewish heart.
- Therefore no more offers should be made but Shylock should have his will and Antonio his judgement.
- Bassanio should not grieve that Antonio has died for him but let his wife judge whether it was worth it.
- The fine for one half of Shylock's goods should be quit until his death when Antonio will give the money to Shylock's son-in-law provided that the Jew becomes a Christian.

Name: Bassanio

Argumentation:
- Shylock is an unfeeling cruel man.
- Bassanio offers six thousand ducats for Shylock's three thousand.
- He offers to pay ten times the money and forfeit his hands, head or heart.
- He would sacrifice his wife and life to deliver Antonio.

Judge's verdict:
Shylock's life is spared. Half of his wealth is to be given to Antonio and the other half to the state. Antonio's wish that his half of the fine be quit is granted on condition that Shylock becomes a Christian. If Shylock fails to do so the pardon he has been granted will be recanted.

Klausur

Didaktische und methodische Überlegungen

In der Klausur geht es thematisch um die Rolle der Frauen in Shakespeares Werken. Diese Themenstellung hat den großen Vorteil, dass sie sich anhand von jedem in diesem Lernzirkel vorkommenden Stück bearbeiten lässt und die Klausur somit auch geschrieben werden kann, wenn nicht alle Stationen behandelt wurden. Als Textvorlage dient ein Auszug aus einem Artikel aus dem *Observer*, der sich mit der Fragestellung beschäftigt, ob Shakespeare Frauen unter Wert verkauft hat, und der dabei vielfältige Verweise zu den meisten der hier behandelten Stücke anbringt. Für die Klausur wurde der Text jedoch stark gekürzt, da das Original zu lang gewesen wäre. Neben zu weit vom Thema wegführenden Absätzen wurden auch Bezüge zu anderen Stücken gestrichen, um die Schüler nicht mit Inhalten zu verwirren, die ihnen unbekannt sind. Aus demselben Grund wurde auch eine inhaltliche Änderung im Text vorgenommen. In Zeile 26 werden eigentlich Timon, Titus, Lear, Othello und die Henrys erwähnt. Diese Namen wurden gegen Hamlet, Richard III und Macbeth ausgetauscht, was die Argumentation im Text trotzdem unterstützt, für die Schüler aber verständlicher ist, da ihnen diese Charaktere durch ihre Arbeit bekannt sind. Da der Text recht anspruchsvoll ist, wurden ein paar Vokabeln, welche Schwierigkeiten beim Nachschlagen bereiten könnten, und eine inhaltliche Erklärung mit abgedruckt.
Die Arbeitsaufträge sind so gestellt, dass alle Anforderungsbereiche abgedeckt sind. Die erste Aufgabe ist dabei eine reine Textaufgabe, die jedoch über eine bloße Zusammenfassung hinausgeht. Zwar fließen die meisten Informationen des Artikels mit in die Antwort ein, die Schüler sollten jedoch den Bezug zur Aufgabe verdeutlichen und nicht nur die einzelnen Absätze zusammenfassen. In der zweiten Aufgabe müssen die Schüler auf Inhalte zurückgreifen, welche sie während der Arbeit an den Stationen erfasst haben. Hierbei dürfen sie selbst auswählen, auf welche drei Stücke sie sich beziehen wollen. So können die Schüler die Stücke auswählen, mit denen sie sich sicherer fühlen, dürfen sich aber gleichzeitig nicht nur auf einem Werk ausruhen, sondern müssen sich auch mit zwei weiteren beschäftigen. Auch hier geht die Aufgabe über eine inhaltliche Zusammenfassung hinaus, da der Schwerpunkt auf der Analyse der Frauenrollen liegt. Deswegen eignen sich allerdings einige Stücke, wie beispielsweise „The Taming of the Shrew", besser als andere, wie zum Beispiel „Richard III". In der dritten Aufgabe müssen die Schüler schließlich die Ergebnisse der ersten beiden Arbeitsschritte nutzen, um zu einem abschließenden eigenen Urteil zu kommen. Ob sie die Frage, ob Shakespeare Frauen unter Wert verkauft, mit ja oder nein beantworten, ist hierbei nicht so entscheidend wie eine überzeugende und ausgewogene Argumentation.
Die Aufgaben sollen in einem zusammenhängenden Text bearbeitet werden, da sie ohnehin aufeinander aufbauen und somit leicht zu verbinden sind und die Schüler damit neben dem inhaltlichen Wissen auch sprachliche Kompetenzen beweisen müssen. Das bedeutet zum Beispiel, dass sie eine Einleitung und einen Schlussteil sowie sinnvolle Überleitungen zwischen den einzelnen Teilen schreiben und ihren Text klar gliedern müssen.
Da der Text und auch die Aufgabenstellung recht anspruchsvoll sind, sollte in Grundkursen abgewogen werden, ob dieser Klausurvorschlag für die Lerngruppe geeignet ist.

Vanessa Thorpe: Did Shakespeare Sell Women Short?

[...] The lack of classic roles for women in English-language theatre is widely acknowledged, but could it possibly be the Bard's fault? Brigid Larmour, artistic director of Watford Palace Theatre, suspects the great playwright is guilty as charged. "The impact of Shakespeare is still inspiring, of course, but it can also be limiting," she said. "[...] The problem is that we have kept the same gender balance in today's theatre because of the success and genius of his plays. It created a blueprint that means playwrights do not notice when they have written something for nine men and one woman." [...]
One actress who has gone on the record about her disappointment in Shakespeare's legacy for women is Janet Suzman. She complains: "There are no soliloquies of any note for women [...]." Lady Macbeth, Hamlet's mother Gertrude and lost love Ophelia she dismisses for "fizzling out". [...] The spiky Beatrice in *Much Ado About Nothing* packs a big dramatic punch with relatively few lines. But throughout the works the power of a role cannot be measured in lines alone. Lady Macbeth, who drives the plot by calling on her murderous husband to "screw his courage to the sticking place", has fewer than half his lines. [...] Heroines such as Portia in *The Merchant of Venice* [...] carry both the weight of their legal arguments, as well as the play's moral argument, although men get much more airtime. Other roles, such as the wild Katherina in *Taming of the Shrew* or the passionate teenage Juliet, might come close to seeming mere objects of dispute [...]. "I always find it an annoying misinterpretation when these small, key roles are played at a high emotional pitch," said Erica Whyman, artistic director of the Royal Shakespeare Company. "Ophelia is often portrayed as if she is a mess. Why don't directors think she means what she is saying? She has seen everything, more than anyone else, and yet there is nothing she can do." [...]
So can it be fair to say there are no Shakespearean roles with real heft for women? Suzman has no doubt: "There is simply no spiritual, intellectual or metaphysical equivalent to [Hamlet, Macbeth or Richard III] – and certainly no woman baddies of that order. [...]"
In Shakespeare's time, gender politics was a dangerous subject, with Elizabeth I's power waning at the end of her reign. Women were forbidden to appear on stage and this may well have dampened Shakespeare's enthusiasm for female roles. Larmour suggests that had he been born later, British theatre would be different now. "If Shakespeare had been writing during the freer Restoration era, we would have far more women's parts." [...]
Given the historical context, Whyman is happy to let Shakespeare off the hook: "While we can say he didn't write as many parts for women of the kind where you travel with them on a long journey, I do think he thought of them as people, just like his other characters." Whether or not the Bard qualifies as a feminist, for Whyman the astonishing achievement is that all his female characters remain so distinct.

Vanessa Thorpe, "Did Shakespeare Sell Women Short?", The Observer, 14.07.2013 [11.07.2014]
Copyright Guardian News & Media Ltd 2013.

to sell short *unter Wert verkaufen*
blueprint *Blaupause, genaue Vorlage*
to go on the record *sich offiziell äußern*
soliloquies *Selbstgespräche*
to fizzle out *ohne Wirkung verpuffen*
airtime *Sprechzeit*
heft *Gewicht*
baddies *Bösewichte*
Restoration era *1660–1688*

Tasks

Write a coherent text of 500–700 words in which you work on the following tasks:

1. Work out the role of women in Shakespeare's plays according to the article.
2. Choose three Shakespeare plays you have worked on and analyze the role of the female characters in them.
3. Based on your findings in task 1 and 2 comment on the headline of the article. Did Shakespeare really sell women short?

1. Work out the role of women in Shakespeare's plays according to the article.

- There is a lack of classic roles for women in English-language theatre which is also Shakespeare's fault.
- The impact of Shakespeare's plays is limiting as they are so successful and genial that modern playwrights just keep the same gender balance, which means it is absolutely normal to have far fewer female than male roles in a play.
- Actress Janet Suzman: "There are no soliloquies of any note for women in Shakespeare's plays".
- Even strong female roles *(Beatrice – Much Ado about Nothing)* have very few lines.
- However the amount of lines does not always say something about the impact of the character: *Lady Macbeth* does not even have half the amount of lines her husband has but still drives the plot.
- *Portia (Merchant of Venice)* has less time on stage than the men in the play but still solves the legal dispute and delivers the moral of the play.
- *Katherina (Taming of the Shrew)* and *Juliet (Romeo and Juliet)* seem to be mere objects of dispute.
- The role of *Ophelia (Hamlet)* is often wrongly portrayed by directors who make her look crazy though she might actually mean what she is saying.
- Suzman is convinced that there are no female roles of any heft in Shakespeare's plays and certainly no equivalent to both the good and the bad famous male characters.
- Shakespeare might not have been very keen on conceiving important female roles as women were not allowed to appear on stage and with Elizabeth's power waning, gender matters were a dangerous topic.
- Shakespeare did not write really big roles for women but he still thought of them as people and created his female characters in such a way that they remain distinct.

2. Choose three Shakespeare plays you have worked on and analyze the role of the female characters in them.

A Midsummer Night's Dream	• **Hermia:** Is the object of desire of both Lysander and Demetrius. She disobeys her father when she elopes with Lysander but is still rather passive throughout the play. • **Helena:** Tries to win back Demetrius by telling him about Hermia's plan and pleading with him. She appears rather pitiful when she runs after Demetrius even though he offends her and clearly tells her that he does not want her anymore. It is only with the fairies' help and not her own effort that she finally enjoys a happy end. • **Titania:** Is the Fairy Queen but appears quite shrewish in her marital crisis. She managed to claim an Indian boy Oberon also wanted for himself but throughout the play she is clearly outplayed by her husband and his sidekick Puck which climaxes in her falling in love with donkey-headed Bottom.
Hamlet	• **Gertrude:** Seems to be rather naive as she does not realize that her second husband was actually behind her first husband's untimely demise. She does not seem to mourn Hamlet's father much when she rushes into her new marriage. This does not only cast a poor light on her from her son's point of view. At the end she dies due to a mix-up. • **Ophelia:** Plays a rather tragic role as she is torn between her love Hamlet and her loyalty towards her father Polonius. She is incapable of changing the course of events and finally despairs and drowns herself.

Macbeth	• **Lady Macbeth:** Is very ambitious and urges her hesitating husband into killing Duncan. So without her, Macbeth might have never become a kingslayer. At the end her bad conscience drives her mad and leads to her suicide. • **The Witches:** Impersonate the evil supernatural power in the play. With their prophecies they trigger off the dramatic events that follow.
Much Ado about Nothing	• **Beatrice:** Is clever and a worthy opponent of Benedick in their witty arguments. She and Benedick are both tricked into admitting their love for each other and it looks as if the marriage to Benedick would finally make her a true woman. Still, in wits she is shown equal to her male counterpart. • **Hero:** Is beautiful and loved by Claudio. She helps to set Beatrice up with Benedick but can do nothing to save her own relationship when she is falsely accused. Others have to defend her honour and find out the truth while she is said to be deceased.
Richard III	• **Anne:** Is just a victim of Richard's devious plan to get rid of her so that he can marry his niece. • **Elizabeth:** Is only shown as a means to be. Richard does not love her but needs her to support his claim on the crown. She has to be saved by the Duke of Richmond.
Romeo and Juliet	• **Juliet:** Is a young girl who falls head over heels in love with Romeo. She secretly marries him without her father's consent but cannot openly declare her love. When she is meant to marry Paris her only way out seems to be to stage her own death as her father clearly tells her that he will not accept no as an answer. At the end she kills herself due to a broken heart. • **The Nurse:** Is Juliet's confidante and therefore knows about her relationship with Romeo. However, when Juliet's father wants to force his daughter into marriage with Paris she keeps quiet and does not help her.
The Taming of the Shrew	• **Bianca:** Is just a spoiled girl who is only interested in getting married to her love. • **Katherine:** Is sharp-tongued and argumentative and does not want to play the role her father has meant for her. Instead of making her look like a respectful character she is named a shrew and finally forced into obedience. That means a strong woman is broken and becomes a mere puppet. The moral clearly is that women should do as they are told by their fathers and husbands.
The Merchant of Venice	• **Portia:** Is the reason Bassanio needs to borrow money. However, she is not only shown as beautiful but also as a clever woman who manages to save Antonio in court when everyone else has failed. To do so she has to disguise as a man though. Therefore she almost looks like a modern woman captured in a patriarchal society.

3. Based on your findings in task 1 and 2, comment on the headline of the article. Did Shakespeare really sell women short?

Eine unterschiedliche Einschätzung ist möglich, entscheidend ist eine überzeugende Argumentation. Argumente aus der Textvorlage:

Supporting the statement

- The gender balance in Shakespeare's plays favours men so that there are far more male than female roles.
- Shakespeare did not write any great soliloquies for his female characters.
- The women in the plays have less lines than the men.
- Some female characters just serve as objects of dispute.
- There are no roles of any heft for women and no equivalents to Shakespeare's famous male roles.
- Women were not allowed to appear on stage during Shakespeare's times and gender matters were a dangerous topic, so it is logical that he wrote less roles for women. (This argument can also be used to defend Shakespeare.)

Defending Shakespeare

- The amount of lines does not always say anything about the impact of a character (Lady Macbeth).
- Despite having only little time on stage Portia is the character who solves the dispute and delivers the moral of the story in the Merchant of Venice.
- Sometimes directors present characters wrongly (Ophelia).
- Shakespeare thought of his female characters as people.
- The women in his plays are very distinct.

Argumente der Schüler sollten auf den Rollenanalysen in Aufgabe 2 basieren. Die Argumentation ist deshalb abhängig von der Auswahl der Schüler. Wichtig ist, dass in dieser Aufgabe die Informationen nicht nur wiedergegeben, sondern genutzt werden, um das Für und Wider der Fragestellung zu erörtern.

Inhalt der CD-ROM
• Kopiervorlagen aller Stationen als PDF-Dateien • Ausschnitt aus dem Audiobook „Shakespeare without the boring bits“ für die Station „Romeo and Juliet“